취업
질문

취업 질문

아무도 준비하지 않는 인생 질문에 대답하는 방법

초판 1쇄 발행 2010년 8월 25일
개정판 1쇄 인쇄 2019년 10월 25일
개정판 1쇄 발행 2019년 10월 28일

지은이 하정필
펴낸이 여승구
펴낸곳 지형

출판등록 2003년 3월 4일 제 13-811호
주소 서울시 마포구 와우산로15길 10, 201호 (서교동) (04049)
전화 (02)333-3953
팩스 (02)333-3954
이메일 jhpub@naver.com

ISBN 89-93111-41-5 (13320)

—
값은 뒤표지에 있습니다.
잘못된 책은 바꾸어 드립니다.

—
이 책은 2010년 출간된 '취업의 정답'의 전면개정판입니다.

아무도 준비하지 않는 인생 질문에 대답하는 방법

면접관의 인생 질문에
대답하지 못한다면
결코 취업에 성공할 수 없다!

취업
질문

하정필 지음

지형

III 진짜 취업 준비, 취업 질문

대기업의 인재 개발팀에서 일하며 매년 1천 명 이상의 채용 작업을 하던 때가 엊그제 같습니다. 해마다 수만 장의 입사 서류를 검토하고, 수천 명씩 면접을 보았습니다. 1년에 1천 명이 넘는 인력을 채용하기 위해 100일 넘게 쉬지 않고 일하기도 했습니다. 하루에 열두 시간만 일할 수 있었다면 퇴직하지 않았을지도 모릅니다. 과도한 채용 업무 덕택에 밝은 세상으로 나올 수 있었습니다. 퇴직 후에 여러 학교와 취업 컨설팅 회사에서 취업 강의 요청을 많이 받았습니다.

　힘들게 일한 경험을 바탕으로 수많은 청년과 함께 '취업'을 이야기해왔습니다. 그런데 학생들을 만나며 깜짝깜짝 놀랄 때가 많았습니다. 회사가 선호하는 지원자와 학생들이 생각하는 좋은 지원자 사이에 '큰 오해'가 있었기 때문입니다. 회사에서 원하는 인재상의 기본

조차 이해하지 못한 채 맹목적으로 취업 준비에 청춘을 바치는 일은 개인적으로나 사회적으로 큰 낭비며 참으로 슬픈 일입니다. 이 슬픈 현실을 바꾸고 싶어서 책을 집필하게 되었습니다. 강의를 들은 후 취업에 성공했다고, 인생이 달라졌다고 메일을 보내온 학생들, 취업 준비와 면접을 마치고 달려와 감사의 인사를 하던 학생들이 이 책의 주인공들입니다. 그들이 이 책을 쓰도록 용기를 불어넣어주었습니다.

저는 취업 전략에 대해 공부한 적도, 취업 강의를 위해 떠도는 정보를 모아본 적도 없습니다. 대한민국에서 누구보다도 채용을 많이 해본 인사 담당자로서, 면접관으로서 생생하게 경험한 이야기를 했을 뿐입니다. 이 책은 학생들에게 그동안 들려주었던 말과 진짜 하고 싶지만 하지 못했던 이야기들을 모은, 취업과 삶에 대한 가장 현실적인 보고서입니다.

취업은 왜 해야 할까요? 돈을 벌기 위해서?

돈은 왜 벌어야 합니까? 행복하게 살기 위해서?

지금 이 순간, 자신의 행복이 무엇인지 140자로 말할 수 있나요?

지금 당장 책을 덮고, 평생 변하지 않을 취업의 이유, 돈을 버는 이유, 행복의 이유, 삶을 사는 이유를 말할 수 없다면 아무리 열심히 취업 준비를 해도 헛된 노력으로 끝날 수도 있습니다. 자기소개서에 가장 중요한 내용을 쓸 수 없고, 면접관이 가장 궁금해 하는 질문에 대답할 수 없기 때문입니다. 나름대로 이유가 있다고요? 하지만 그 이유를 가족, 친구는 물론 면접관에게도 '똑같이' 말할 수 없다면 역시 취업에 성공할 확률이 낮습니다. 대개의 사람과 마찬가지로 면접관도 대상과 상황에 따라서 다른 이야기를 하는 사람을 싫어하고, 그런 지원자를 잘 찾아내기 때문입니다.

채용은 사람이 사람을 판단하는 과정입니다. 취업을 준비하려면 내가 어떤 사람이고 싶은지 먼저 생각해야 합니다. 어느 누구에게나 일관되고 자신 있는 모습으로 내가 어떤 사람인지, 어떤 가치를 추구하는지 말할 수 있어야 지원 동기와 입사 후 포부를 설득력 있게 말할 수 있습니다. 그러기 위해서는 자신만의 '이유'가 있어야 합니다.

이 책은 이유와 선택에 대한 책입니다.

삶은 끊임없는 선택의 연속입니다. 모든 선택은 나름대로의 이유가 있습니다. 이유 없는 선택은 맹목적일 수밖에 없습니다. 맹목적인 선택을 하는 사람은 불행해질 가능성이 높습니다. 마찬가지로 맹목적인 취업 준비를 하는 지원자는 실패할 확률이 높습니다.

이 책은 취업을 준비하는 사람에게 이유를 들려줄 것입니다. 취업을 위해 영어 공부를 하고, 어학연수를 떠나고, 학점 관리를 하고, 자격증 준비를 하고, 술집에서 잔을 기울이고, 카페에 앉아 차를 마시고, 낯선 곳에서 힘겹게 여행을 하는 이유를 찾아줄 것입니다. 삶을 왜 살아야 하며, 취업 준비를 왜 이렇게 해야 하는지, 취업이라는 화두 앞에서 왜 이렇게 힘든지, 왜 앞이 잘 보이지 않은지 알려줄 것입니다.

청년이 희망이라는 말을 많이 듣습니다. 과연 그럴까요? 저는 사람 나름이라고 생각합니다. 청년이 사회의 희망이라는 이유는 공무원 시험 준비를 하고 있어서도, 영어 공부를 열심히 하고 있어서도, 자격증 준비를 하고 있어서도, 학점 관리를 하고 부전공을 하고 있어서도, 어학연수를 다녀왔기 때문도, 필요에 의한 봉사 활동을 하고 있어서도, 취업을 하기 위해 노력을 기울이고 있어서도 아닙니다. 또한 청년이 젊고 이 사회에서 가장 활발한 노동력을 제공하는 주체이기 때문도 아닙니다.

청년이 사회의 희망인 이유는 자신의 선택으로 삶을 바꿀 수 있기 때문입니다. 자신의 삶을 바꿀 선택을 할 수 없는 젊음에게는 희망이 없습니다. 만약 지금 답답하고 희망이 보이지 않는다면 선택에 인색하기 때문입니다.

이 책은 선택을 제안합니다. 만약 제가 제안한 선택을 한다면 인사 담당자가 감동받을 만한 자기소개서를 적을 수 있을 것입니다. 면접 때 자기소개를 제대로 할 수 있고, 면접관이 고개를 끄덕일 대답을 제대로 할 수 있을 것입니다. 그래서 자신이 가진 스펙에 상관없이 취업에 성공할 확률이 몇 배 이상 높아질 것입니다. 입사 후에는 누구보다도 뛰어난 능력을 인정받게 될 것입니다. 제가 제안한 선택을 믿고 따른다면 취업을 하든, 취업을 하지 않든 행복한 삶을 살아갈 가능성이 매우 높아질 것입니다.

만약 편견과 독선, 두려움, 망설임, 주위의 강요와 시선 때문에 제 제안을 선택하지 않는다면 취업하기가 점점 힘들어질 것입니다. 제가 제안한 선택을 하지 않아도 취업을 하는 사람들이 분명 있습니다. 그러나 그들의 삶은 시간이 지나면서 시큰둥해질 수밖에 없습니다. 의미 부여가 되지 않기 때문입니다. 어쩌면 삶과 현실에 대한 불만이 무척 커질지도 모릅니다. 결혼한다면 자녀에게 너희는 나처럼 살지 말라는 말을 할지도 모르지만, 자녀는 그들과 똑같은 삶을 되풀이할 수도 있습니다.

역사가 반복되듯이 인간의 삶도 반복됩니다. 숙명처럼 반복되는 지긋지긋한 취업과 삶의 수레바퀴에서 벗어나고 싶지 않은가요? 운명이 달린 중대한 선택이라는 중압감 때문에 고민만 하며 비장해질 필요는 없습니다. 음식점의 메뉴를 선택하듯 가볍게 마음을 톡 내면 됩니다. 일상의 스쳐가는 작은 선택들이 운명을 바꾸는 중대한 일이었다는 건 나중에 알게 되니까요.

2010년 6월 청학동에서
하정필

채용 공고를 하면서 채용 담당자의 부서 전화번호를 공지하던 시절이 있었습니다. 어찌나 문의 전화가 많이 오는지 근무 시간에는 업무에 집중할 수가 없었습니다. 채용 공고에 공지된 내용을 다시 묻는 문의를 제외하고 가장 많이 물어보는 건 자격 요건과 부합되지 않아도 '지원해도 되느냐'는 물음이었습니다. 그들에게는 너무나 궁금하고 절실한 물음이겠지만, 회사의 입장에서는 참으로 한심하고 당황스런 질문입니다. 회사에서 공지한 지원 기준이 어떻든 지원하고 안 하고는 지원자의 자유 의지이기 때문입니다.

지원 여부는 지원자가 알아서 결정할 일이고, 채용 여부는 회사가 알아서 결정할 일입니다. 지원자 자신이 스스로 결정해야 할 일을 회사에 전화를 걸어 '지원해도 되는지' 물어보는, 말도 안 되는 문의 전화가 너무나도 많다는 건 무엇을 의미할까요? 많은 사람이 알게 모르게 물리적, 정신적 틀에 갇혀 자신의 의지대로는 그 어느 것도 선택할 수 없는 일상을 보내고 있다는 뜻은 아닐까요?

취업 특강과 모의 면접을 해달라는 요청을 받고 전국 곳곳을 바쁘게 다닐 때부터 취업 컨설턴트라는 직업에 의문이 생겼습니다. 대학이 취업 학원이 되어가는 모습도 못마땅했고, 취업 때문에 힘들어하는 학생들 앞에서 모든 사람의 삶을 책임져줄 것처럼 당당하게 말하는 것이 부끄럽기도 했습니다. 그들에게 진짜 도움이 되는 말을 하고 싶었지만 당장 취업을 앞둔 절박한 학생들에게는 한정된 시간 때문에 입사 지원서 작성법, 면접 기법과 같은 단편적 정보 위주로 시간을 채워나갈 수밖에 없었습니다.

취업하는 데 큰 도움이 되었다며 이메일을 보내온 수많은 학생에게 축하의 답장을 해줄 때도 마음 한쪽이 불편했습니다. 당장은 취업을 해서 기뻐하지만 그들이 곧 마주칠 현실을 잘 알기 때문입니다. 회사에 다니고 있거나 퇴직한 사람들은 취업 이후의 삶이 더 중요하다는 걸 잘 압니다. 저 자신도 그런 경험을 했으니까요. 그래서 이 일이 정말 의미 있는지 자꾸만 돌아볼 수밖에 없었습니다.

취업 컨설턴트라는 일을 10년만 하고, 시중에 홍수처럼 쏟아지는 단편적 정보가 아닌 학생들의 삶에 정말 도움이 되는 취업 책을 내고 마무리하고 싶었습니다. 『취업의 정답』이라는 제목으로 책이 나왔고, 취업 분야의 베스트셀러가 되었고, 한동안 더 바빠졌습니다.

책이 나온 지 9년이란 세월이 흐른 지금도 좋은 평을 받으며 꾸준히 읽히고 있다는 사실이 고맙지만 안타깝기도 합니다. 취업 때문에 고민하는 청년과 학생들이 여전히 많다는 의미니까요. 달라진 상황에 맞게 내용을 보완해서 개정판을 낸 이유입니다.

누구든 치열하게 살지 않는 사람은 없습니다. 그래서 그들의 선택과 삶에 대해 쉽게 말할 수 없습니다. 마음의 틀을 잡고 취업 준비를 하는 이들에게는 다소 불편한 책이 될 수도 있을 겁니다. 그럼에도 이 책이 취업의 문제를 많이 해결해주고 올바른 방향을 제시할 것이라고 믿습니다.

취업을 포기하든, 취업에 성공하든, 다니던 회사를 그만두고 새로운 시작을 하든, 삶은 계속 이어집니다. 대나무가 곧고 길게 자랄 수 있는 건 중간마다 마디를 만들기 때문입니다. 기나긴 삶의 여정에서, 취업을 고민하는 독자의 젊은 시절에 의미 있는 마디가 되는 책이기를 바랍니다. 걸음을 멈추고 잠시 쉬는 지혜가 필요한 시대입니다. 오래오래 문득 떠오르는 책이면 좋겠습니다. 젊은 시절 고단한 여행길에 우연히 묵었던 그 게스트하우스처럼.

2019년 비오는 날, 치앙마이대학교에서
조엘을 추억하며

프롤로그

인간은 의혹을 갖는다. 이것이 과학의 싹이 된다.

R. W. 에머슨

영화 〈시네마 천국〉에서 할아버지 알프레도가 청년 토토에게 들려준 이야기다.

"아주 먼 옛날, 왕이 공주를 위해 잔치를 열었어. 그런데 지나가던 한 호위 병사가 공주를 보게 되었지. 병사는 그만 사랑에 빠지고 말았어. 병사와 공주의 신분 차이는 엄청났지만, 병사는 공주에게 말을 걸었어. 공주 없는 삶은 아무 의미가 없다고 말이야. 병사의 말에 깊이 감동 받은 공주는 100일 밤낮을 발코니 밑에서 기다린다면 결혼해주겠다고 말했어. 병사는 쏜살같이 공주의 발코니 밑으로 달려

갔어. 하루, 이틀, 보름, 한 달이 지났어. 새가 똥을 싸도, 벌이 얼굴을 쏘아도 병사는 꼼짝하지 않았어. 두 달이 지났어. 비가 오나 눈이 오나 여전히 꼼짝하지 않았어. 세 달이 지났어. 병사는 전신이 마비되고 탈진해서 죽을 지경이었지. 이제는 눈물을 흘릴 힘도, 서 있을 힘도, 앉아 있을 힘도 남아 있지 않지 않았어. 공주는 줄곧 지켜보기만 했지. 드디어 99일째 밤이 되었어. 그날 밤, 병사는 뭔가를 깨달은 듯 일어서더니 돌아보지도 않고 가버렸어."

토토가 알프레도에게 어찌된 영문인지 물어보지만 알프레도는 대답해주지 않는다. 얼마 후 토토는 모든 걸 버리고 정든 시칠리아를 떠난다. 그리고 수십 년 후 유명한 영화감독이 되어 고향 시칠리아를 다시 찾는다. 영화는 그렇게 끝난다.

병사는 왜 100일을 채우지 않고 가버렸을까?
청년 토토는 왜 시칠리아를 떠났을까?

의문은 삶과 세상을 바꾸는 힘이다. 인류 문명의 토대인 과학 기술의 시원은 오랜 옛날 메소포타미아에서 밤하늘에 가득한 별을 보며 스치듯 품었던 한 사람의 '의문'이었을지도 모른다. 들꽃처럼 무수히 피고 진 "왜 이렇게 살아야 할까?"라는 '의문'은 너무도 당연히 여기던 오랜 차별의 벽들을 허물었다. 의문은 과학 기술의 꽃을 피워냈고, 역사의 물줄기를 진보의 강으로 흐르게 했다. 흐르지 않는 강물이 썩듯, 의문이 깃들지 않은 생각은 썩는다.

의문은 문명의 원천이자 삶의 뿌리다. 건강한 의문은 개인의 삶과 사회에 활력을 주며 세상을 더 나은 방향으로 이끈다. 자유로운 의문이 허락되지 않는 사회는 포르말린에 담겨 박제된 사회다. 의문이 없는 일상은 절망의 유리병에 담겨 껍데기만 남은 삶이다. 재미도 의미도 없다면 최소한의 호기심도 없이 말라비틀어진 삶을 사는 것은 아닌지 스스로에게 물을 일이다. 좋은 의문을 품는다는 것은 그 자체로 이미 더 나은 삶을 향해 나아가고 있다는 뜻이다.

차별 대우, 비인간적인 대우를 받는 직업이 점점 늘어난다. 비정규직이 절반을 육박하고, 정규직조차 하향 평준화되고 있다. 조금이라도 나은 곳에 취업하려고 삶을 바치지만 퇴근길의 심각한 교통 체증으로 꼼짝 않는 차에 갇힌 것 같다. 경쟁에 지는 것이 두려워 차를 버리고 걸어갈 용기도 없다. 운전자들이 차를 포기하고 자전거나 대중교통을 선택하면 해결될 문제로 보이지만, 현실은 그렇게 단순하지 않다. 창밖을 보니 오도 가도 못하는 차들이 끝없는 양떼 같다.

어떻게든 빠져나가보려고 이리저리 용을 쓸수록 힘이 더 빠진다. 갈수록 꼬이는 취업 문제를 해결하려고 노력을 쏟다 보니 내가 있는 곳이 어딘지, 앞으로 어디로 가야 할지도 모르겠다. 숨이 가쁘다. 어쩌다 밤하늘을 보며 되묻기도 한다. 이렇게 사는 것이 맞나? 자신도 모르게 내뱉는 한숨 같은 희미한 의문, 딱 거기까지다. 더 이상의 진전이 없다. 좋은 일자리는 나에게서 점점 멀어지는 것 같다. 노력이 무의미해지니 일상도 무기력해진다. 다 취업 때문이다.

취업을 해도 답답한 건 마찬가지다. 아니 더 답답해진다. 결혼, 대출, 육아, 교육, 불합리한 사회 시스템, 점점 깊고 복잡해지는 문제들로 스트레스를 달고 산다. 주위를 둘러보니 다른 사람들도 나와 별반 다르지 않다. 인공 지능AI처럼 모두 같은 생각, 같은 얼굴, 같은 모습을 복사해서 붙여 넣은 삶 같다. 인간이 로봇처럼 살아가니 힘이 든다. 그래도 다 그렇게 산다는 믿음으로 버틴다. 타인의 갑갑함이 나의 갑갑함을 견디게 하는 힘이 된다. 함께 무너지고 있다는 뜻이다.

어디서부터 잘못된 것일까? 나만 잘하면 해결될 개인의 문제일까? 답이 보이지 않을수록 나만 노력하면 될 것이라는 맹목적인 믿음에 매달린다. 견디고 이겨내려는 힘겨운 노력 때문에 '이렇게 살면 되는 것일까?'라는 삶 본연의 의문을 가질 여유조차 없다. 비가 오나 눈이 오나 쓰러질 것 같아도 묵묵히 공주만 바라보던 이야기 속 병사의 심정도 비슷했을까?

충격적인 진실이 병사를 일으켜 세운 건 아닐까? 극심한 교통 체증에 갇혀 앞만 멍하니 바라보는 수많은 운전자들처럼, 한 발도 나갈 수 없는 취업 체증에 갇혀 기약 없는 취업 준비를 하는 구름 떼 같은 청년들처럼, 공주를 얻기 위해 꼼짝 않고 기다리던 병사는 자신과 같은 수천 명, 수만 명 병사들의 똑같은 운명을 본 것은 아닐까?

이유가 무엇이든 이야기 속 병사는 스스로 자신의 삶을 선택하여 뚜벅뚜벅 걸어갔다. 하지만 취업 준비생이라고 불리는 현실 속 병사들은 여전히 멀뚱멀뚱 착하게 자리를 지키며 기다리고 있다. 일방적인 주입식 교육으로 의문을 갖는 법조차 배우지 못한 탓일까? 많은 의문에 몰입하게 만드는 것이 좋은 교육이다. 최선의 삶은 최선을 다해 묻는 삶이다.

우리를 일으키는 힘은 '의문'이다. 삶이 힘들고 취업이 힘들면 의심하며 되물어야 한다. 나는 왜 이렇게 살고 있을까? 세상은 왜 이럴까? 블랙홀처럼 내 삶을 빨아들이는 끝없는 취업 준비가 과연 내 삶을 위한 일이긴 한 걸까? 답이 보이지 않는 이유는 묻지 않는 삶에 너무 익숙해진 탓은 아닐까?

II
삶의 무덤,
취업 준비

일단 대학부터 가라고 했다.

일단 취업부터 하라고 했다.

일단 결혼부터 하라고 했다.

일단 재테크부터 하라고 했다.

일단 그렇게 살아왔다.

이제 인생이 얼마 남지 않았다.

마지막으로 이 말을 남긴다.

"일단 모든 걸 멈추고,

네 삶의 의미가 무엇인지 찾아라"고.

1 우리는 무엇을 하고 있는가?

무덤 파기

●

인생을 비극이라고 생각할 때 우리는 비로소 삶을 시작한다.

W. B. 예이츠

산으로 끌려간 사람이 삽과 곡괭이로 자신이 묻힐 구덩이를 파는 장면이 영화에 간혹 나온다. 구덩이 밖에는 험악한 모습의 조직 폭력배들이 빨리 구덩이를 파라고 협박하고 있다. 말 그대로 자기 무덤을 자기 손으로 파는 장면이다. 코믹하게 연출되기도 하지만, 만약 내가 그런 상황을 겪게 된다면 영화를 보듯 느긋할 수 있을까?

타란티노 감독의 영화가 아니라면, 다행히 영화에서 주인공이 그대로 묻히는 경우는 거의 없다. 영화라고 해도 참으로 다행이다. 자기 무덤을 자기가 파서 묻히는 일은 비극 중의 비극이니까. 그런데 상상력이 자유로운 영화에서도 거의 일어나지 않는 비극이 현실에서는 아주 대수롭지 않게 일어나고 있다. 한국 청년의 90퍼센트 이상이 취업 준비라는 이름으로 땅을 파고 있다.

배가 고프면 밥을 먹어야 하는 것처럼 사람들은 살기 위해서 당연히 취업을 해야 한다고 생각한다. 그래서 온 나라의 젊은이가 취업 준비에 몰두하고 있다. 하지만 스스로 의심을 품지 않은 취업 준비는 취업을 더 어렵게 만들 뿐 아니라 인생의 가장 소중한 시기를 낭비하게 만든다. 희망일 줄 알았던 취업 준비에 쏟은 노력이 절망의 무덤이 되어 자신을 가둘지도 모른다. 취업 준비를 열심히 하는 동안 자신의 삶에서 멀어지기 때문이다.

자신의 삶에서 멀어진 지원자는 자기가 누구인지 잘 모른다. 입사 지원이란 당신이 어떤 사람인지 묻는 회사의 질문에 대답하며 나를 보여주는 과정인데, 나를 모르니 무슨 말을 어떻게 해야 할지 모른다. 취업의 문제에서 삶의 문제가 빠지면 안 되는 이유다.

행복은 '하나의 조건'이 아니라 '여러 선택'에 관한 문제다. 다양한 선택을 할 수 있는 삶은 여유가 넘친다. 부자를 부러워하는 이유는 돈이 많으면 다양한 선택을 할 수 있을 것이라고 믿기 때문이다. 돈이 많은데도 선택의 여지가 없는 삶을 살아가는 부자는 부러움의 대상이 아니다.

자신의 의지로는 어떤 선택도 할 수 없는
삶은 노예라고 부른다.
하나의 선택밖에 할 수 없는 삶은 불행한 삶이다.
맹수에게 쫓기는 짐승처럼 취업 준비라는
단 하나의 선택밖에 하지 못하는 삶은 불행하다.
그러므로 우리는 선택의 기회를 넓혀가는 선택을 해야 한다.

자신의 의지로는 어떤 선택도 할 수 없는 삶은 노예라고 부른다. 하나의 선택밖에 할 수 없는 삶은 불행한 삶이다. 맹수에게 쫓기는 짐승처럼 취업 준비라는 단 하나의 선택밖에 하지 못하는 삶은 불행하다. 그러므로 우리는 선택의 기회를 넓혀가는 선택을 해야 한다.

임진왜란의 신립 장군처럼 스스로 취업 준비라는 배수의 진을 치고 취업 아니면 죽음이라고 외치는 함성이 여기저기서 울려 퍼진다. 전쟁에서 이겨도 절대 다수의 병사는 얻는 것보다 잃는 것이 훨씬 많다. 몇만 분의 일의 확률로 훈장이라는 걸 받기도 하겠지만 그것과 바꾼 목숨, 장애, 트라우마 등을 생각하면 평생 후회할 일이다. 청춘을 바친 대가로 얻은 팍팍한 샐러리맨이라는 훈장은 어떤 이에게는 소중할 수도 있겠지만 어떤 이에게는 그렇지 않다. 하나의 선택, 하나의 결과를 위해 모든 사람이 하나의 생각으로 같은 삶을 살아가는 것처럼 비극적인 상황은 없다.

어떤 시대든 청년의 삶에 미래가 달려 있다고 한다. 청춘을 바쳐 사회를 위해 대단한 일을 하라는 뜻이 아니라 청년이 행복하지 않으면 미래가 없다는 뜻이다. 어떤 삶을 살든 개인이 행복해야 사회가 행복해진다. 청춘이 아름다운 이유는 행복을 위해 자신의 뜻, 자신의 선택으로 삶을 펼쳐나갈 기회가 다른 세대보다 많기 때문이다.

아무리 현실이 답답해도, 손을 번쩍 들고 자신의 행복에 대해 질문할 힘만 있으면 상황이 바뀐다. 취업을 걱정하고 미래를 두려워하는 청년들이 이야기 속 병사처럼 벌떡 일어나 자신만의 길을 뚜벅

뚜벅 걸어가길 바란다. 병사가 힘들게 견뎠던 99일에 미련을 두지 않고 단 하루를 남기고 홀홀 떠나갔듯, 현재 어떤 상황이든 회사와 학교를 거부하고 어디론가 떠나도 좋다. 비장해질 필요도, 걱정하고 두려워할 필요도 없다. 사회와 회사는 언제나 그런 청년을 진정으로 필요한 인재라고 여겨왔다. 떠난 사람은 안다. 툴툴 털지 못해 그토록 집착하던 것들이 자기 삶의 무덤이었다는 사실을. 선택 그 자체로만으로도 삶이 설렌다는 사실을.

취업 준비생

●

상식이란 열여덟 살 때까지 생긴 편견을 모아놓은 것이다.

A. 아인슈타인

취업하기 어렵다. 거리에 나가 취업하기 쉽다고 외치면 뉴스에 나올 일이다. 취업 문제는 풀리긴 하는 걸까? 문제 해결의 시작은 원인 분석부터다. "취업이 왜 힘든가?"라는 질문에는 뭐라고 대답할까? 경제가 좋지 않아서? 비정규직이 늘어나서? 해외로 기업이 이전해서? 투자 규모가 줄어서? 소비가 위축되어서? 뉴스에 나오는 자동 응답기 같은 대답보다는 문제를 해결할 수 있는 대답을 해야 한다.

세상이 생각과 말에 따라 바로바로 움직여준다면 경기를 좋게 만들어 취업 문제를 해결할 수 있다. 하지만 세상의 시스템을 단번에 바꿀 만한 해법은 존재하지 않는다. 그래서 내가 당장 바꿀 수 없는 외적인 환경이나 변수를 말하는 일은 괜히 마음만 답답하게 만들 뿐이다.

그렇다면 취업을 위해 지금 당장이라도 내가 할 수 있는 일은 어떤 것들이 있을까? 가장 중요한 것은 세 가지로 요약된다.

1. 노력하기
2. 정보 찾기
3. 인식 바꾸기

물론 학점 관리, 영어 공부, 제2외국어, 부전공, 어학연수, 직무 관련 경험 쌓기, 공모전, 프로젝트 경험, 각종 자기 계발 등 많은 것들이 떠오를 것이다. 하지만 그 모두는 결국 이 세 가지로 분류된다. 노력, 정보, 인식 중에서 나에게 가장 부족한 것, 앞으로 관심을 더 기울여야 할 것은 무엇인가?

내가 만나본 수만 명의 학생들은 대부분 취업에 성공하기 위해 노력과 정보가 반드시 필요하다고 말한다. 노력과 정보 둘 중에서 더 중요한 것 한 가지만 택하라고 하면 절대 다수가 '노력'이라고 목소리를 높인다. 취업을 준비하는 사람들의 핵심 키워드는 '노력'이다.

노력하는 것은 좋다. 그러면 어디에, 어떤 노력을 해야 할까? 학점

학점 관리를 하고, 어학 점수를 올리고,
영어 회화 능력을 키우고, 자격증을 취득하고,
공모전 준비를 하고, 부전공을 하고,
전공이나 직무와 관련된 일 등에 '노력'을 기울이며
삶을 갈아 넣으면 취업을 위한 준비가 되는 것일까?
과연 그렇게 열심히 '노력'만 하면 될까?

관리를 하고, 어학 점수를 올리고, 영어 회화 능력을 키우고, 자격증을 취득하고, 공모전 준비를 하고, 부전공을 하고, 전공이나 직무와 관련된 일 등에 '노력'을 기울이며 삶을 갈아 넣으면 취업을 위한 준비가 되는 것일까? 과연 그렇게 열심히 '노력'만 하면 될까?

더불어 채용 정보, 취업 동향과 같은 정보에도 관심을 기울여야 한다고들 한다. 그것 또한 갖추었다고 가정하자. 노력과 정보라는 가장 중요한 두 가지 요소를 충족했으니 이제 취업에 성공하는 일만 남았을까? 범람하는 정보와 부단한 노력보다 취업 성공에 더 중요한 것은 없을까? 쉬지 않고 노력하고 있는데 나는 왜 계속 같은 자리에서 맴돌고 있는 것일까?

단순한 질문

●

의혹은 진리의 뿌리에서 싹처럼 난다.
봉우리에서 봉우리를 거쳐 드디어는 산꼭대기에 이르게 한다.

A. 단테

"취업하려면 스펙이 중요해. 남들이 이야기하는 스펙 관리를 하다 보면 기회가 생기겠지. 다른 뾰족한 수는 없어. 남들도 다 그렇게 하고 있잖아. 취업도 어차피 경쟁이야. 열심히 스펙을 쌓아 경쟁력을 높이면 나를 알아주는 사람이 있을 거야."

대다수가 이 말에 고개를 끄덕이며 이렇게 중얼거릴 것이다.

'취업을 위한 기본 상식이야. 스펙을 쌓기 위해 노력하는 것은 당연해. 성공하려면 더욱 열심히 노력해야 해!'

이런 상식을 가진 젊은이들이 만화 속의 정의로운 주인공이 끝내 승리하듯 마침내 취업에 성공할까?

나는 오랫동안 기업에서 해마다 3~4만 장의 이력서와 자기소개서를 검토했고 매년 수천 명의 면접을 보았다. 해마다 적게는 800명, 많게는 1,200여 명을 채용했다. 퇴사 후에는 수백 회에 걸쳐 취업 관련 강의를 의뢰받았다. 채용에 관한 한 전문가다. 채용 경험도 없는 자칭 취업 전문가들을 제외하고 그동안 취업 판에서 만난 인사 담당 출신들 중에 나보다 채용 경험이 많은 사람은 없었다. 노력만 하면 된다고 믿는 순진한 취업 준비생들에게 모든 채용 경험을 걸고 자신 있게 말할 수 있다.

1. 취업을 위해 지금 쏟아붓는 노력은 한마디로 헛수고다.
2. 취업을 위해 지금 수집하는 정보는 취업에 별 도움이 안 된다.
3. 취업에 성공하려면 맹목적 스펙 쌓기를 지금 당장 그만두어야 한다.

어쩌면 황당할 수도 있는 이 주장에 동의하든 동의하지 않든 변하지 않는 사실이 하나 있다. 이 주장이 진리라는 것이다. 진리는 언젠가 모두에게 알려진다. 문제는 누가 먼저 아느냐이다. 어떤 사람은 남들보다 먼저 깨닫고 미래를 준비한다. 어떤 사람은 끝까지 대중이 믿는 것, 자신이 믿고 싶은 것을 놓지 않는다. 우리는 전자를 성공한 사람, 시대를 앞서간 사람이라고 부르고, 후자를 패배자, 어리석은 삶을 산 사람이라고 평가한다. 남들보다 먼저 알아차리면 좋겠지만 조금 늦었다고 걱정할 필요는 없다. 끝까지 모르는 것보다는 백번 낫기 때문이다.

결론부터 말하면, 노력만 하면 취업에 실패한다. 취업의 전제 조건은 '인식의 전환'이다. 취업과 채용의 실체를 이해하는 당신의 인식, 가치관이 바뀌어야 취업할 수 있다. 인식이 바뀌지 않으면 아무리 노력하고 정보를 모아도 소용이 없다. 취업의 핵심은 바로 '인식의 전환'이다. 인식은 그냥 바뀌지 않는다. 지금 상황에 의문을 가져야 가능한 일이다. 자신의 인생과 세상에서 벌어지는 일이 이해되지 않을 때 구체적인 질문을 만들어 스스로 답을 구하다 보면 해답이 분명해지는 경우가 종종 있다.

1. 지금 학점이 3.1인데, 미친 듯이 '열심히 노력'해서 4.3까지 학점을 올렸다면, 그것 덕택에 취업할 수 있다고 생각하는가?

2. 지금 토익 점수가 700점인데, 친구들에게 절교까지 선언하고 '열심히 노력'해서 970점을 만들었다면, 그것 덕택에 취업할 수

있다고 생각하는가?

3. 지금 자격증이 하나도 없는데, 여자 친구와 헤어지면서까지 '열심히 노력'해서 자격증을 열 다섯 개나 땄다면, 정말 그것 덕택에 취업할 수 있다고 생각하는가?

당신의 대답은 무엇인가? '네'인가? '아니오'인가? 아니면 고개를 갸웃거리는가? 이 질문에 조금이라도 망설이는 태도로 취업 준비를 한다면 취업에 실패하는 것은 물론 자신의 삶까지도 비극으로 끝날 가능성이 높다.

강 건너편

●

합리적 이유가 없는 관습은 오래된 잘못에 불과하다.

T. 풀러

라오스의 메콩 강변에는 아시아에서 가장 보존이 잘된 아름다운 도시 루앙프라방이 있다. 수년 전, '격렬하게 아무것도 하고 싶지 않다'는 마음으로 루앙프라방에서 몇 달 동안 머물며 지냈다. 오전에는 거리를 거닐고, 오후에는 메콩강이 내려다보이는 언덕의 카페에서 시간을 보냈다. 야외 테이블에 앉아 오고 가는 배들, 타고 내리는 사람들, 발가벗고 물놀이를 하는 강변의 아이들을 보았다. 한 달 넘게 카페에 앉아 강변 맞은편 언덕의 풍경을 보고 또 보았다.

그러던 어느 날 문득 강을 건너고 싶었다. 바나나 같은 작은 쪽배를 타고 강을 건넜다. 강 건너 맞은편에서 바라본 내가 머물던 곳의 풍경은 평생 잊을 수 없다. 초록의 카페 언덕과 친숙한 강가 선착장이 펼쳐진 반대편 풍경이 눈에 들어왔을 때 나는 깜짝 놀랐다. 오래 머무른 익숙한 곳의 풍경을 실제로 보았을 때의 감정은, 거울에 비친 자기 모습을 처음 보고 깜짝 놀라는 야생 동물이 된 느낌이었다.

한동안 머물며 구석구석 잘 안다고 생각했는데, 강을 건너와서야 비로소 내가 머물고 있는 곳의 진짜 풍경을 볼 수 있었다. 그때 강을 건너지 않았다면 카페가 있는 언덕이며 내가 그토록 좋아하던 메콩 강변의 루앙프라방이 어떤 모습이었는지 영원히 몰랐을 것이다. 세상에는 강을 건너보지도 않고 이쪽저쪽을 모두 잘 안다고 착각하며 떠벌리는 사람들이 많다.

취업을 위한 전제 조건은 입사 지원이다. 입사 지원을 하려고 취업 준비를 한다. 입사 지원까지는 취업 준비생들의 일이고, 그 다음부터는 회사의 일이다.

루앙프라방 언덕 카페를 떠올리며 입사 지원을 생각해보자. 카페가 있는 이쪽 언덕이 지원자고, 메콩강 건너 맞은편 언덕이 회사다. 나는 시간만 나면 이쪽 카페에 앉아 강 너머 언덕에 있는 회사를 보며 취업 준비를 한다. 한 번도 강을 건너본 적이 없으니, 건너편에서 보이는 이쪽의 모습을 본 적이 없어서 상상만 할 뿐이다. 그런데 상대편인 회사에서 바라보는 나의 모습이 어떤지 진실을 보지 못한다면 취업을 위한 피나는 노력들은 단지 자기 위안일 뿐이다. 메콩강 건너편에서 보이는 나는 어떤 모습일까?

학생들이 취업을 준비하는 방법은 대개 이렇다. '나'라는 그릇이 있다. 취업을 하려면 뭔가를 해야 할 것 같다. 그래서 열심히 학점 관리를 하고, 어학 점수를 올리고, 제2외국어에, 복수 전공에, 자격증, 공모전, 프로젝트 경험, 봉사 활동, 동아리 활동, 배낭여행, 어학연수, 아르바이트 경험에서 각종 활동 경험까지 '나'라는 그릇 안에 담아 보여줄 거리들을 하나하나 채워간다. 더 이상의 취업 준비는 없다는 비장한 노력에 위안을 얻는다. 사람들은 이것을 취업 준비, 스펙* 쌓기라고 말한다.

대학 시절 내내 한눈팔지 않고 정말 열심히 취업 준비를 했다. '나'라는 그릇에 크고 작은 스펙들이 하나둘 쌓여간다. 불안하면서도 뿌듯하다. 드디어 졸업을 하게 된다. 다행히 원하는 회사에서 채용 공고가 나왔다. 며칠 동안 입사 지원서를 작성했다. 제출했다.

당신이 할 일은 여기까지다. 이제 공은 회사로 넘겨졌다. 이제부

---

* 스펙은 설명서, 시방서를 뜻하는 영어 'specification'에서 따온 말로, 한국에서만 사용하는 단어다. 인사 담당자들은 직무 경험, 인성적 역량까지 포함해서 사용하는 경우도 있다. 여기서는 일반적으로 통용되는 의미인 학점, 학교, 전공, 자격증, 영어, 외국어, 공모전 등과 같이 객관화, 정량화할 수 있는 근거들을 스펙의 뜻으로 사용했다.

터는 상대편인 회사의 몫이다. 당신이 학창 시절에 데이트도 제대로 하지 못하고 청춘을 바쳐 열심히 이루어낸 정성스러운 결과물들을 회사에서는 어떻게 보는지 궁금하지 않은가? 이제 강을 건너보자. 유감스럽게도 회사에서 바라보는 당신의 모습은 끝없이 펼쳐진 수면 위의 물방울 무늬 한 점과 같다.

모두 똑같다! 이해되는가? 이게 현실이다. 이게 진리다. 조금도 보태거나 빼지 않은, 있는 그대로다. 학점이 2점대든 4점대든, 토익 점수가 500점이든 950점이든, 자격증이 있든 없든, 공모전 경험, 아르바이트 경험, 배낭여행, 어학연수, 봉사 활동 경험이 있든 없든, 그것이 대단하든 초라하든 인사 담당자의 눈에는 이렇게 보인다. 대동소이! 똑같다!

1년에 수만 장의 입사 지원서를 만지던 나뿐만 아니라 한국의 인사 담당자와 면접관은 물론 전 세계에서 채용 업무에 종사하는 모든 사람의 공통적인 반응이다. 더 중요한 건 지원자가 어떤 사람인지 밝히는 자기소개서마저 똑같다는 사실이다. 더더욱 중요한 건 면접 때 자기소개나 대답도 별반 다를 바 없다는 사실이다.

모두 똑같이 보인다는 말이 너무 부풀려졌고, 그렇지 않을 거라고 믿고 싶은 독자가 있다면 다음의 비유가 도움이 될지 모르겠다. 서해안에는 매년 10만에서 40만 마리의 가창오리가 날아온다. 똑같은 오리는 단 한 마리도 없다. 그런데 우리 눈에는 어떻게 보이는가? 획일화가 모토인 한국에서 성장하여 그렇지 않아도 비슷비슷한데,

학점이 2점대든 4점대든, 토익 점수가 500점이든 950점이든,
자격증이 있든 없든, 공모전 경험, 아르바이트 경험,
배낭여행, 어학연수, 봉사 활동 경험이 있든 없든,
그것이 대단하든 초라하든 인사 담당자의 눈에는 이렇게 보인다.
대동소이! 똑같다!

열심히 노력해서 자기소개와 대답, 행동과 표정까지도 똑같아 보이도록 돈을 들여 필사의 노력을 다하는 지원자들의 모습이, 자연 속에서 저마다의 개성을 지닌 오리들의 모습보다 구분하기가 과연 쉬울까?

똑같아 보이는 지원자가 바로 채용의 어려움이다. 똑같아 보이지만 뭔가 다른 점을 찾아보려고 자기소개서도 읽어보고 면접을 봐도 대부분 비슷하다. 똑같은 사람들 중 누군가를 선택해야 하는 힘겨운 과정이 채용이다. 회사는 똑같아 보이는 저 수많은 지원자들 중에서 도대체 어떤 사람을 채용할까?

채용의 이유

•

의견이 달라지지 않는 건 바보와 죽은 사람뿐이다.

J. R. 로웰

2010년 11월, G20 정상 회의가 서울에서 열렸을 때의 일이다. 전 세계의 기자들이 모인 자리에서 오바마는 특별히 한국 기자들에게만 질문의 기회를 주었다. 개최국의 역할을 훌륭히 했다는 이유에서였다. 하지만 어색한 정적이 흘렀다. 한국 기자들의 침묵 때문이었다. 아무도 질문을 하지 않자 한 중국 기자가 불쑥 끼어들어 아시아를 대표해서 자신이 질문을 해도 되겠는지 물었다. 예상치 못한 침묵에 당황한 오바마는 한국 기자들이 질문을 하고 싶은지에 따라 결정하면 되겠다며 한국 기자들에게 재차 질문이 없냐고 물었다. 어색한 침묵이 계속 흘렀고 한국 기자들은 끝끝내 침묵했다. 그날따라 공교롭게 한국 기자들 모두가 궁금한 것이 하나도 없었을지도 모른다. 그런데 공교로운 일은 일상에서도 벌어진다. 한국의 교실, 강의실에서도 오바마의 침묵이 흐른다.

취업이란 주제로 수많은 학교에서 수만 명의 학생들을 만났다. 학생들에게 '회사는 왜 채용을 할까?'라는 꼭 알아야 할, 아주 기본적인 이유를 종종 물었다. 반응은 믿기지 않을 정도로 놀라웠다. 채용의 이유를 아는 학생이 거의 없었다. 정답을 말하는 학생이 너무 없어서 어쩌다 간혹 정답을 얘기하면 전기가 통한 듯 화들짝 놀랄 지경이었다.

고민하며 기껏 돌아오는 대답은 '인재가 필요하니까, 사람이 필요해서, 회사에 도움이 되니까, 회사를 발전시키기 위해서, 회사의 이윤 확대를 위해서' 등 의미 없는 대답들뿐이었다. 그건 마치 노트북을 왜 사느냐는 질문에 '나만 없으니까, 친구가 사라고 해서, 자랑하려고, 돈이 생겨서, 좋은 일이 생길 것 같아서'와 같은 이유를 대는 것과 같다.

노트북은 전원을 켜서 뭔가를 하는 데 '쓰려고' 산다. 삶의 이유도 모르는데, 그깟 채용의 이유쯤이야 관심도 없고 모를 수도 있다.

하지만 취업을 하려면 최소한 회사가 사람을 왜 뽑는지는 알고서 준비를 시작해야 한다. 왜 뽑는지를 모르는데 무엇을 어떻게 준비하겠는가? 취업 준비의 시작부터 헛발질이 된다. 그래서 뭔가를 제대로 하려면 근본적인 의문을 가지고 기본적인 질문부터 하는 것이 필요하다.

회사가 왜 채용을 하는지 지금 정답을 말할 수 없다면 자기가 하는 일에 대해 의문 없이 살아가고 있다는 점에서 당신도 오바마 앞에서 침묵했던 한국 기자들과 별반 다를 바 없다. 비난 받는 기자들이야 질문 같은 것을 하지 않아도 밥벌이는 겨우겨우 할 수 있지만, 취업 준비생들이 의문 없이 노력만 한다는 것은 영문도 모르고 눈만 껌뻑거리는 취업 들러리가 된다는 뜻이다. 세상에는 정답이 없는 질문들도 많지만, 채용 이유에는 만고불변의 정답이 있다.

회사가 채용을 하는 단 한 가지 이유는 바로 '일을 시키기 위해서'다. 어떤 형태의 회사든, 어떤 나라의 회사든, 갓 창업한 회사든 곧 망하는 회사든, 대기업이든, 중소기업이든, 가족 기업이든, 1인 기업이든 모든 회사는 '일을 시키려는' 단 한 가지 이유로 사람을 뽑는다. 누구나 알고 있는 너무나 당연한 일이라 그 대답은 제쳐놓았다고 말한다면, 바로 그런 이유 때문에 수많은 지원자가 오늘도 빛의 속도로 영문도 모르는 채 탈락의 황홀함을 맛보고 있다는 걸 알기 바란다.

회사의 입장에서 가장 좋은 건 마음대로 일만 시켜도 되는 사람이다. 노예제가 생긴 이유다. 의문을 품고 잘못된 제도에 목숨 걸고 저항한 수많은 사람들 덕분에 요즘에는 일의 대가로 최저 임금 이상의 적정한 돈을 줘야 한다. 종업원들을 받들고 존중하는 것처럼 보이는 회사들이 아주 간혹 보이기도 하지만, 대부분의 회사는 급여를 아까워한다. 대체로 고정비 중에 가장 큰 부분이 인건비다. 그래서 회사는 인건비 절감을 가장 중요하다고 생각한다. 비용 절감은 회사 존립에 관한 문제다. 어떻게든 최저가로 물건을 구입하려는 당신의 검색 본능과 똑같다. 그렇게 아까운 인건비를 주면서 사람을 뽑는 이유는 바로 일을 시키기 위해서다. 너무나 당연한 상식 아닌가? 채용의 이유는 일을 시키기 위해서다.

'나'라는 그릇과 가창오리 떼, 메콩강을 다시 떠올리며 처음 질문으로 돌아가자. '수많은 똑같은 지원자들, 그 지원자들 중에서 회사는 어떤 사람을 뽑을까?'라는 질문에 이제는 대답할 수 있는가? 모든 지원자가 다 대인 관계가 원만하고, 성실하고 건강하고 진취적이고 창의적이며, 능력을 발휘하고 싶어 너무나 입사를 원하고, 지나치게 꼼꼼하거나 한 가지 일에 몰입하다 보면 다른 일을 깜빡하는 것이 성격의 단점이지만 맡겨만 주면 최선을 다해 일을 하겠다는데, 회사는 그중에서 어떤 지원자를 뽑을까? 아직도 답을 떠올리지 못해 머뭇머뭇하는가? 그것이 한국의 주입식 교육의 폐해고 대부분이 그런 상태니 너무 실망할 필요는 없다.

뽑는 사람

●

개인의 가치는 다른 사람들과의 관계 속에서만 측정될 수 있다.

F. W. 니체

회사는 어떤 지원자를 채용할까? 채용하려는 이유는 일을 시키기 위해서니까, 채용의 과정은 일을 잘할 것 같은 지원자를 찾아내는 과정이다.

그렇다! 회사는 모두 똑같아 보이는 수많은 지원자들 중에서 '일을 잘할 것처럼 보이는 지원자'를 뽑는다. 한자로는 '직무 역량職務力量'이라고 한다. 아직 채용 전이어서 일을 시켜본 적이 없기 때문에 일을 '잘하는'이 아니라 '잘할 것 같은' 지원자를 선택한다.

일은 잘할 것 같은데 같이 일하기는 싫은 사람은 채용하지 않는다. 회사가 말하는 일을 잘할 것 같은 지원자란 '일도 잘할 뿐 아니라 함께 일하고 싶은' 지원자를 말한다. '일은 서툴 것 같지만 함께 일하고 싶은' 지원자는 때때로 채용한다. 아무리 스펙이 뛰어나도 함께 일하고 싶지 않은 지원자는 채용하지 않는다. 직무 능력이 뛰어나 보여도 함께 일하고 싶지 않다는 말은 사람에 문제가 있다는 뜻이다.

윗면이 없는 직육면체의 구조물에 바퀴와 손잡이를 달아서 물건을 운반할 수 있도록 만든 물건은 무엇일까? 리어카, 손수레 등이 떠오를 것이다. 물건을 잔뜩 넣은 손수레가 안정적으로 굴러가려면 바퀴가 몇 개 필요할까? 최소한 두 개가 필요하다. 회사도 마찬가지다. 크든 작든, 회사라는 조직이 잘 굴러가려면 두 개의 바퀴를 갖춘 지원자가 필요하다. 오른쪽 바퀴의 이름은 '스펙'이다. 왼쪽 바퀴의 이름은 '인성'*이다.

회사는 좋은 스펙과 좋은 인성이라는 든든한 두 바퀴를 갖춘 인재를 찾는다. 객관적인 스펙도 뛰어나고 인성도 훌륭한 인재야말로 누구나 탐내는 최고의 인재다.

그런데 누구든 함께 일하고 싶고 마음에 드는, 스펙과 인성이 모두 훌륭한 인재는 매우 찾기 힘들다. 현실에서는 둘 중에 하나를 포기해야 할 상황에 자주 부딪힌다. 대부분 그렇다. 그럴 때마다 회사는 스펙과 인성 중 무엇을 더 중요하게 여길까? 예를 들어 다음의 두 지원자 중 누가 면접에서 합격할 가능성이 더 높을까?

1. 스펙이 화려하고, 전공 관련 질문에 완벽하게 대답하는 지원자. 하지만 인성이 그다지 좋아 보이지는 않는 지원자
2. 스펙이 초라하고, 전공과 관련된 질문에 제대로 대답을 못하는 지원자. 하지만 느낌이 좋고 호감이 가는 지원자

* 인성이라는 말 속에는 뭔가 착하고 도덕적인 지향이 담긴 것 같지만 그렇지 않다. 인성이란 좋은 것도 나쁜 것도 아니다. 다양한 사람들이 살아가며 품고 있는 마음과 태도, 행동 특성 그 자체를 뜻한다. 그러므로 세상에 존재하는 인간의 숫자만큼 다양한 인성이 존재한다.

바로 답하기 어려우면 좀더 쉽게 아주 극단적인 상황을 상상해보자. 당신이 회사의 CEO다. 지금 당신 앞에는 두 면접자가 앉아 있다. A군과 B군은 정말 극과 극이다. A군은 명문 대학의 졸업 예정자다. 토익 점수는 물론 영어 회화 능력도 최상급이다. 전공도 직무와 딱 맞아떨어진다. 직무와 관련된 자격증과 경험도 있다. 스펙으로 볼 때 최상위의 인재다.

B군은 지방대 출신이며 전공도 직무와 거리가 멀다. 영어 회화 능력은 다섯 문장이 전부며, 흔한 자격증도 하나 없다. 스펙만으로 볼 때 어떻게 이 자리에서 면접을 보고 있는지 이해가 안 된다.

A군에게 질문을 하면 대답이 기가 막힌다. 전공이면 전공, 시사면 시사, 모르는 것이 없다. 완벽한 스펙 못지않게 대답도 완벽하다. 소름이 돋을 정도로 똑똑한 인재다. B군에게 질문을 하면 대답하는 모양새도 스펙처럼 엉성하다. 전공 관련 지식은 당연히 아는 바가 거의 없다.

그런데 A군과 B군에게 질문과 대답을 주고받다 보니 의외의 느낌이 든다. A군은 정말 똑똑한데, 이 친구와 같이 일할 생각을 하니 좀 부담스럽다. 주관이 강하고 고집이 세며 남을 배려하는 마음이 부족할 것 같다. 회사와 코드가 맞지 않아 진득하니 오래 다닐 것 같지도 않다. A군은 재수 없는 천재다. B군은 조금 부족한데 진정성이 느껴진다. 이 친구와 같이 일할 생각을 하니 왠지 서로 손발이 척척 맞아서 즐겁게 일할 수 있을 것 같다. B군은 끌리는 바보다.

당신은 누구와 함께 일하고 싶은가? 재수 없는 천재인가? 끌리는 바보인가?

회사는 일을 시키기 위해 채용을 한다고 했다. 아무리 소규모 회사라도 신입 사원을 채용하고 나서 바로 일을 시키지는 않는다. 최소한 1주일 정도는 기초적인 부분에 대해 가르쳐주고 쉬운 업무부터 시킨다. 작은 조직은 통상 1개월, 대기업 같은 큰 조직은 최소 3개월에서 6개월은 지나야 맡은 일을 제대로 수행할 수 있다고 여긴다. 업무에 따라서는 1년 정도는 지나야 스스로의 의사 결정을 통해 원활한 업무 수행을 할 수 있다고 보기도 한다. 그래서 모든 회사에는 OJT On The Job Training (직장 내 교육 훈련) 기간이 있다. 베테랑 경력 사원도 OJT 기간을 거친다.

대부분의 회사에서는 신입 사원의 업무 능력을 눈처럼 새하얀 백지 상태로 여긴다. 스펙의 내용인 전공, 자격증, 공모전과 같은 직무와 관련된 지식이나 경험을 실제 업무 능력으로 여기는 회사는 찾아보기 힘들다. 신입 사원이 CEO와 임원들 앞에서 멋지게 프레젠테이션을 하고 탁월한 능력을 인정받는 경우는 텔레비전 드라마에서만 존재한다. 현실에서는 '내가 이 일을 하려고 그 고생을 해서 회사에 들어왔나?'라는 고민이 들 정도로 단순하고 기초적인 일부터 시작한다.

언제쯤이면 지식과 경험을 살려 본격적인 업무 능력을 발휘할지 천차만별이지만, 어떤 경우든 회사는 신입 사원의 능력을 그가 가진 스펙과 상관없이 백지 상태에 둔다. 다시 말하면 회사는 지원자의 스펙에 대해서는 콧방귀를 뀐다는 이야기다.

그렇다면 회사가 중요하게 여기는 것은 무엇인가? 그렇다. 인성이다. 아무리 스펙이 뛰어나도 인성이 좋지 않으면 같이 일을 할 수 없기 때문이다. 반대로 스펙은 엉망이지만 인성이 괜찮다면 OJT 기간을 통해서 얼마든지 업무 수행 능력을 키워 훌륭한 인재로 성장시킬 수 있다고 생각한다.

회사는 당신이 열심히 담아놓은 그릇 속의 현란한 음식들을 보지 않는다. 참고는 하지만 결정적인 판단 기준은 아니라는 말이다. 사람들이 사진이 아닌 실제로 음식 맛을 본 후 단골 식당을 정하듯이, 회사도 겉으로 보이는 정보만으로 인재를 판단하지는 않는다. 회사는 그릇에 담긴 음식이 아니라 그릇 그 자체를 본다. 지원자의 성향, 가치관, 직업관, 세계관, 인생관 등으로 형성된 인간의 됨됨이, 즉 그릇이 튼튼하고 빛나고 쓰임새가 있는지 그렇지 않은지를 판단한다.

이것이 바로 채용의 시작과 끝이다. 전공 지식과 직무 이해도를 많이 고려하는 이공계나 특정 직무도 마찬가지다. 채용 기준의 핵심은 인성이다. 직무 이해도가 아무리 높고 대단한 직무 역량을 갖추고 있어도 인성에 문제가 있어 보이면 채용하지 않는다.

채용에서 말하는 인성이란 간단히 설명할 수 있는 개념이 아니다. 국어사전에서 인성을 찾아보면 '각 개인이 가지는 사고와 태도 및 행동 특성'이라고 나와 있다. 같은 특성이라도 상황에 따라서 장점이 단점이 될 수도 있다. 짧은 시간에 단편적인 정보만으로 지원자의 인성을 파악하는 것은 매우 어렵다. 그래서 인성 부분에 조금이라도 문제가 보이면 가차 없이 탈락된다. 채용에서 인성이 좋다는 것은 도덕적, 사회적으로 단순히 사람이 착하고 순하고 남을 배려하고 어쩌고저쩌고 등등의 교과서적이고 단선적인 개념이 아니다. 딱히 대체할 말이 없어서 인성이라는 단어를 쓸 뿐이다. 사람은 정말 좋고 착한데 같이 일하기 싫은 사람들도 참 많다.

채용에서의 인성은 '삶이란 무엇일까? 어떻게 살아야 할까?'와 같은 질문에 대한 수많은 대답처럼 복잡하고 중층적인 개념이다. 그래서 뭐라고 딱 집어서 말하기 힘들다. 군이 설명하자면 한 사람이 삶을 살아오면서 축적된 모든 경험과 그 경험들을 대하는 태도, 살면서 해왔던 모든 생각과 그 생각들을 대하는 태도, 살면서 느꼈던 모든 감정과 그 감정들을 대하는 태도 같은 것이라고 할 수 있다. '나와 나의 삶' 전체를 아우르는, 그래서 저 사람은 '어떤 사람일까?'라는 의문의 총합이다. 그런 개념을 간단히 대체할 단어가 없어서 회사에서는 인성이라고 표현한다.

인성을 풀어 말하면 '어떤 사람인가?'라는 뜻이다. 대부분의 지원자가 스펙을 보여주며 자신의 '노력'에 대해서는 말할 수 있지만 자신이 '어떤 사람'인지는 말하기 힘들어 한다. 하지만 회사의 모든 관심의 시작과 끝은 지원자가 '어떤 사람인가?'라는 걸 명심해야 한다.

블라인드 채용

•

자신의 존재에 대해 끊임없이 놀라는 것이 인생이다.

타고르

화려한 스펙이 탑재된 인공 지능, 로봇이 일하는 영역이 늘어나고 있지만 아직까지는 사람이 하는 일이 더 많다. 회사가 사람을 뽑을 때는 '사람'을 보고 판단한다. 대부분의 일이 사람과 사람의 관계로 이루어져 있어서 사람의 됨됨이는 직무 역량의 결정적인 요소가 되기 때문이다. 그래서 회사는 지원자가 '어떤 스펙'을 가지고 있느냐보다 '어떤 사람'인가에 관심을 더 갖고 사람의 됨됨이 위주로 채용 여부를 판단한다. 따라서 묻지도 않고 따지지도 않는 스펙 쌓기 위주의 취업 준비는 취업도, 삶도 실패하게 만드는 비극적인 선택이다.

이쯤 되면 질문에 인색한 한국의 대학생들도 손을 들어 꾹 참고 있던 질문을 한다. 속으로 이렇게 외치면서.

'말도 안 돼! 스펙을 갖추지 않으면 서류 전형에서 모조리 떨어지는 게 현실이야. 일단 스펙을 쌓아야 서류가 통과되고 면접을 볼 기회가 생기는데, 도대체 어쩌라는 거야?'

회사는 스펙은 아예 보지 않을까? 아니다. 회사는 스펙을 본다.

세상 모든 것에는 나름의 이유가 있다. 회사에서 스펙을 보는 이유는 일하는 데 편하기 때문이다. 회사에서 인재가 필요하여 채용 공고를 내면 지원자들이 입사 지원을 한다. 가장 좋은 방법은 모든 지원자에게 연락해서 면접을 보는 것이다. 직접 만나봐야 어떤 사람인지, 일을 잘할 만한지 알 수 있다. 하지만 현실적으로는 그럴 수가 없다. 시간도 부족하고 비효율적이다. 회사는 효율을 중시하는 조직이다. 자원의 투입은 비용 상승의 원인이 된다. 그래서 서류 전형을 한다. 서류 전형은 일종의 편법이다.* 물론 회사는 입사 지원서에 있는 극히 제한적이고 가식적인 정보만으로는 회사에서 원하는 인재인지 아닌지를 판단하기가 어렵다는 것을 잘 안다. 그러나 좀더 효율적으로 일하기 위해서 서류 전형을 하지 않을 수 없다.

서류 전형을 할 때는 판단의 잣대가 필요하다. 이력서와 자기소개서는 바로 그 잣대다. 그중에서도 이력서에 기재된 객관적 스펙이라는 정량화된 데이터로 서류 전형을 하면 빠르게 처리할 수 있다. 그래서 대기업에서는 학교, 학점, 어학 점수, 전공, 나이 등을 대규모 서류 전형의 대표적인 잣대로 삼는다. 소위 말하는 필터링이다. 바로 이 지점이 맹목적으로 스펙만 쌓으면 취업이 된다는 잘못된 정보가 확대 재생산을 거듭하여 온 나라를 흔들게 된 소문의 진원지다.

많은 회사가 필터링을 한다. 앞으로는 모르겠지만 지금까지는 그래왔다. 원칙에 맞지 않는 잘못된 방법이지만 효율적으로 면접 대상자

---

* 최근 기술의 발달로 AI가 채용에 도입되고 있다. AI가 베껴쓴 듯한 상투적인 자소서 문구를 찾아내 탈락시키기도 하고, 온라인 영상통화 방식으로 AI가 면접을 보기도 한다. 모두 면접 대상자를 추려내기 위함이다. 이 책에서는 면접 대상자를 가려내는 전 과정을 서류전형이라고 통칭한다.

를 추려내기 위해서다. 기준 필터가 되는 지원자의 객관적인 정보들이 일을 잘하는 능력, 즉 직무 역량과 그다지 상관관계가 없다는 걸 잘 알면서도 필터링을 하는 이유는 앞서 말했듯이 모두 면접을 볼 인력, 자기소개서를 꼼꼼히 읽어볼 인력이 없기 때문이다. 그리고 무엇보다 읽어볼 만한 가치있는 자기소개서가 거의 없기 때문이다.

서류 전형을 할 때 인사 담당자는 자기소개서를 읽어봐야 하고, 읽어보고 싶어 한다. 지원자가 어떤 사람인지 알아야 판단을 할 수 있어서다. 그런데 분명히 사람은 다른데 자기소개서의 형식과 내용은 모두가 비슷해서 읽을 가치도, 필요도 없게 되어버렸다. 대한민국의 모든 학교가 자기소개서 첨삭 학원이 되어버렸는지, 인터넷의 도움을 받았는지, 돈을 주고 첨삭을 받았는지 실상은 모르겠지만 말이다. 객관적으로 정량화된 스펙으로 무지막지한 필터링을 하게 만든 원인의 절반은 그동안 남의 소개서를 자기소개서로 제출해온 영혼 없는 지원자들과, 자신들은 취업을 못하면서 그렇게 하면 된다고 가르쳐온 자칭 취업 전문가라는 취업 훈수꾼들 때문이다.

공공 기관을 중심으로 시작된 지원자의 스펙과 연관된 객관적인 정보를 배제하는 블라인드 채용이 점점 확대되고 있다. 입사 지원서에 지원자의 학교명, 어학 점수, 학점 등 이른바 스펙의 대표 선수들을 기재하는 항목이 점점 사라지고 블라인드 채용이 여러 방식으로 일반화되는 건 잘못된 필터링의 폐해를 막기 위함이다.

사실 필터링의 가장 큰 피해자는 취업 준비생이 아니라 스펙과 상관없이 일을 잘할 수 있는 우수한 인재 채용의 기회를 박탈당한 회사다. 직무 역량과 별 상관이 없는 스펙상의 숫자 몇 개로 지원자를 추려내는 채용 시스템은 우수한 인재 선발이라는 측면에서 구조적인 문제를 안고 있다는 사실을 매우 잘 아는 회사에서 블라인드 채용을 어떻게 받아들일까? 개념 있는 회사라면 대부분 원론적으로는 찬성한다.

그러나 채용 프로세서라는 현실적, 실무적 관점에서 보면 골치 아프고 당황스러운 상황이다. 그동안 필터링이라는 필요악을 이용해서 서류 전형을 편하게 해온 채용 담당자 입장에서는 앞으로 풀어야 할 문제들 때문에 일이 무지막지하게 늘어난 것이다. 채용을 진행하는 실무 현장에서는 반대의 목소리가 나올 테지만, 급변하는 세상에서 살아남고 적응하려면 싫든 좋든 변해야 한다.

인재 채용이라는 원칙적 관점에서 블라인드 면접은 바람직한 방법 중 하나이므로 공공 기관과 기업은 점진적으로 빠르게 적응할 것이다. 오랫동안 필수 항목이었던 사진, 신장, 체중 등의 신체 정보, 가족 사항, 주민등록번호, 성별 등 직무와 직접 연관이 없는 개인 정보들은 입사 지원서의 항목에서 빠지고 있는 추세다. 직무 수행과는 상관없지만 입사 지원의 핵심이라고 여겨졌던 토익 같은 어학 점수는 물론 학교, 학점 등도 아예 기재 요구 항목에서 빠지고 있다.*
이런 변화가 이해되지 않고 당황스럽다면, 100년 전만 해도 사람들은 노예제를 당연하게 여겼고, 50년 전에는 미국에서조차 여성 참정권은 상상할 수도 없는 일이었다는 역사적 사실을 기억하면 상황 판단에 도움이 될지 모르겠다.

인재 선발 과정의 문제점을 고민하며 채용을 해왔던 입장에서 볼 때 블라인드 채용은 새로운 추세나 변화는 아니다. 출신 학교, 학점, 외모, 성별, 어학 점수, 신체조건, 사생활** 등으로 인한 편견이나 차별 없이 지원자의 직무 역량만으로 선발해야 한다는 것이 채용의 대원칙이기 때문이다. 만약 채용 원칙을 지키지 않고 외모나 학벌 등 단편적인 정보만으로 채용하는 회사가 있다면 그 회사는 이미 망했거나 곧 망할 회사라고 보면 된다.

* 2017년에 발표된 공공 기관의 입사 지원서 기재 항목은 이름, 신입 경력 여부, 지원 직무, 현 주소, 연락처, 이메일, 최종 학교 소재지, 보훈, 장애, 직무 관련 교육 과정 또는 과목, 자격 사항, 경험 및 경력 사항이다. 최종 학교 소재지를 명시하는 이유는 지역 출신 지원자를 채용하기 위함이다. 지역민에게 채용의 기회를 넓히는 것은 지역 고용 창출의 효과도 있지만, 회사의 입장에서 볼 때 예상치 않은 조기 퇴사 인력으로 인한 손실을 막을 수 있기 때문이다. 본격적으로 업무 능력을 발휘하는 입사 후 3년 미만의 시점에서 퇴사를 하면 회사 입장에서는 큰 손실이다. 실제로 지역적으로 거리가 멀다는 사실이 퇴직 사유의 큰 비중을 차지한다. 일정 규모 이상의 기업은 가능한 한 일정 비율의 장애인과 보훈 대상자를 채용하도록 법률로 정했기 때문에 보훈/장애 여부는 기재 항목에서 빠질 수 없다. 법으로 정한 인원의 장애인을 고용하지 않으면 장애인 미고용 부담금을 지불해야 한다. 만약 어학 점수 등도 직무 수행과 직접적인 연관이 있다면 요구할 수 있다.

** 회사의 관심은 '지원자가 진짜 어떤 사람일까?'이다. 입사하기 위해 가식적으로 보여주는 만들어진 모습이 아니라 진짜 모습을 알고 싶어 한다. 그래서 간혹 지원자의 사생활이 담긴 SNS 등을 회사가 모니터링 해서 논란이 되기도 한다. 지원자가 어떤 사람인지 알아야 회사에서 필요한 인재를 채용할 수 있다는 관점에서 당연한 요구나 관심으로 여기던 때도 있었으나, 이제는 시대가 변하고 있다. 직무 수행에 직접적인 상관이 없다면 개인의 사생활은 회사가 관여할 영역이 아니라고 보는 것이 추세. 만약 비슷한 사례가 있다면 문제 제기를 하는 것이 좋다. 문제 제기를 하는 개개인의 작은 목소리가 세상을 바꾼다. 우리는 계란 하나를 던져서 바위를 깰 수도 있는 세상에 살고 있다.

출신 학교, 학점, 외모, 성별, 어학 점수, 신체조건,
사생활 등으로 인한 편견이나 차별 없이
지원자의 직무 역량만으로 선발해야 한다는 것이
채용의 대원칙이다.

채용 환경과 트렌드가 바뀐다고 해서 걱정할 필요는 없다. 형식이 아무리 변해도 근본 원리는 변하지 않는다. 채용의 기본 개념과 원리, 이유를 알면 상황이 어떻게 바뀌든 차분히 대응할 수 있다. 블라인드 채용으로 인해 입사 지원서의 형식과 내용이 바뀌어 자기소개서의 비중이 높아질 수도 있고, 경험과 경력 위주의 서류 전형이 도입될 수도 있다. 회사의 자원 투입이라는 관점에서 현실성은 적지만 면접 대상자가 예전보다 많이 늘어날 수도 있다.* 그러면 새로운 트렌드에 맞는 자기소개서 작성법, 경험과 경력 위주의 자기소개서 작성법이 유행하고 또 지금처럼 너도나도 똑같은 의미 없는 자기소개서를 제출하게 될 것이다. 어떤 상황이 벌어져도 모든 결론은 하나로 귀결된다. 바로 면접이다.

매스컴에서는 새로운 채용의 트렌드 덕분에 면접의 비중이 높아졌다는 뉴스를 내보낼 것이다. 이런 바보 같은 뉴스는 맑은 날에 '하늘이 푸르다'라는 아주 당연한 사실을 톱뉴스로 보도하는 것과 같다. 원래부터 채용의 모든 과정에서 가장 중요한 것은 면접이었다. 가장 중요한 것이 아니라 채용은 곧 면접이다. 면접을 보기 위해 서류 전형의 과정이 있고, 면접 자체에 집중해서 면접을 좀더 효율적으로 잘 보기 위해 표준화된 질문 항목을 따로 묶어서 별도로 분리한 것

---

* 일부 기업에서는 입사지원자 전원을 대상으로 AI면접을 보기도 한다. 이는 면접이라기보다는 기술발달에 따른 서류전형의 진화된 절차로 보는 것이 맞다. AI기술이 놀라울 정도로 진화되어도 판사는 끝까지 사람의 직업으로 남을 것이라는 예상처럼 사람에게 영향을 미치는 중요한 의사결정은 AI에 맡기지 않을 것이라고 대부분의 미래학자들은 예상한다.

이 인적성 검사를 비롯한 각종 테스트다. 채용의 꽃은 면접이라는 말이 있듯이, 채용은 곧 면접을 뜻한다. 원래부터 그랬고, 인간의 모든 일을 인공 지능이 대신하는 날까지 그럴 것이다.

결론부터 미리 이야기하면, 서류 전형에만 통과하고 면접에서 탈락하는 것이 취업 준비의 최종 목표라면 지금까지 믿어왔듯이 필터링에 통과하기 위해서 스펙만 쌓으면 된다. 그런데 최근 변화하는 트렌드를 보면 전국 10위권의 슈퍼스펙을 쌓아도 앞으로는 서류 전형 통과도 장담할 수 없게 되었다. 스펙을 기재하는 칸이 아예 사라지고 있기 때문이다. 지금 현재 모든 회사가 블라인드 채용을 도입하고 있지는 않고, 시간이 흘러도 블라인드 채용을 하지 않는 회사들도 많을 것이다. 그러나 모든 회사, 모든 면접관은 편견과 선입견 없이 좋은 인재를 선발하기 위해 블라인드 채용의 개념을 기본 전제로 여긴다는 사실을 반드시 기억하라.

응답하라 우편 접수

●

가장 속이기 쉬운 사람은 바로 자기 자신이다.

E. 벌워리턴

태블릿으로만 그림을 그리는 웹툰 작가도 종이에 그림을 그리던 경험을 떠올려야 태블릿의 장단점을 이해해서 더욱 잘 사용할 수 있다. 웨이트트레이닝도 무조건 열심히 하는 것이 아니라 근육이 생기는 원리, 관절과 근육의 해부학적 이해, 무리한 동작을 피하는 방법 등을 알고 해야 훨씬 도움이 된다. 마찬가지로 채용 홈페이지를 통해 웹으로 입사 지원으로 하더라도 우편으로 지원서를 받는 과정을 이해하면 채용을 이해하는 데 도움이 된다. 무엇보다 대기업처럼 일정 규모가 안 되는 수많은 회사들은 지금도 우편이나 이메일로 접수를 받고 있다.

인사팀에 갓 배치 받은 신입 사원 시절의 이야기다. L기업의 인사팀에 배치 받은 3일째 되는 날 아침, 보관된 업무 파일을 읽고 있던 나와 동기에게 한 선배가 다가와 따라오라고 했다. 사무실 안쪽에 있는 회의실 문을 열고 들어가니 또 안쪽으로 통하는 문이 있었다. 그 비밀의 방 같은 곳으로 들어가니, 한가운데에 20인용쯤 되어 보이는 큰 테이블이 있었다. 테이블 위는 깨끗했지만 사방 벽에는 수십 개의 박스가 줄줄이 놓여 있었고, 박스마다 누렇고 하얀 봉투들이 빽빽했다. 우편으로 접수된 입사 지원서들이었다. 선배는 한마디만 하고 나갔다.

"까!"

입사 지원 서류가 들어 있는 봉투를 열어 서류 전형을 할 수 있도록 순서대로 정리하고 지철기로 고정해서 일정한 개수로 차곡차곡 쌓는 일이었다. 입사해서 처음 맡은 일이었고, 매우 간단한 일이었지만, 첫눈에 그리 만만한 일이 아니라는 걸 알았다. 한 박스에 평균 100개 정도의 봉투가 들어 있다면, 총 박스의 숫자가 어림잡아도 30개 정도는 되니까 우편 봉투는 모두 3,000개였다. 봉투 안에 종이 서류의 숫자가 평균 6장이라면 총 1만 8,000장의 종이를 만져야 끝나는 일이었다.

그날 오전 9시 무렵 은밀한 회의실에 들어간 나와 동기는 밤 12시를 훌쩍 넘기고 나서야 퇴근할 수 있었다. 아직 손도 못 댄 지긋지긋한 박스들을 여전히 남겨둔 채로. 그날, 작업 중에도 수시로 새로운 봉투가 뭉텅이로 들어온다는 것, 생각보다 쉽게 종이에 손을 베일 수 있다는 것, 종이를 많이 만지면 손가락이 아프다는 것, 채용 기간 내내 계속 새로운 우편 봉투가 끝없이 밀려들기 때문에 그때그때 서류 작업을 해두지 않으면 나중에는 엄두도 내기 힘들다는 것을 알았다.

서류 작업의 순서는 짐작하듯이 단순했다(원래 단순한 작업이 사람을 힘들게 하는 법이다). 봉투를 열고, 서류들을 책상 위에 탁탁 털어놓은 다음, 이력서, 자기소개서, 성적 증명서, 졸업 증명서, 등본, 자격증, 기타 증명서의 순서로 다시 정리하고, 왼쪽 상단에 지철기로 고정하여 약 100개씩 빈 A4지 박스 등에 차곡차곡 집어넣으면 되었다. 봉투를 열었을 때 각종 서류를 다 접어놓아 다림질하듯 한 장 한 장 펴게 만드는 지원자, 지철기로 미리 고정을 해서 독수리발톱처럼 생긴 철물로 하나하나 제거를 하게 만드는 지원자들이 어찌나 밉던지.

2년 뒤에 숙원이었던 채용 사이트가 만들어지면서 지긋지긋한 골무의 계절이 역사 속으로 사라지는 듯했다. 하지만 시스템 안정화 단계인 약 1년 정도는 웹으로 지원한 이력서와 자기소개서를 일일이 출력해서 예전처럼 우편 접수 때와 똑같이 만들어 서류 전형을 했다. 웹상에서 서류 전형이 완전히 이루어진 뒤에도 면접 대상자의 서류를 모두 출력해서 면접 자료로 써야 했다. 웹은 웹대로 쓰고, 출력은 출력대로 해야 하는 번거로운 일은 계속 생겼다. 우리가 사는 시대는 항상 과도기인가 보다.

우편 접수를 받든, 이메일 접수를 받든, 지원 사이트를 통하든, 지원자의 수가 사람이 감당할 정도라면 인사 담당자가 서류 전형을 한다. 몇 년 전 S기업에서 처음으로 자기소개서를 모두 읽어보고 사람이 직접 서류 전형을 한다고 홍보를 한 적이 있다. 긴가민가했지만, 정량화된 데이터 몇 개에 회사와 지원자의 운명을 맡기지 않으려는 노력은 좋아 보였다.

웹 채용 시스템 도입 후 마음만 먹으면 필터링으로 수천 명의 서류 전형도 몇 초면 가능하게 되어 업무 효율의 신기원을 이뤘다. 그러나 스펙을 통한 필터링이 과연 제대로 채용하는 과정인지 의문은 여전히 남는다. "요즘 신입 사원들은 왜 저래? 인사팀 애들 요즘 일 제대로 하는 것 맞아? 왜 저런 애들을 뽑았어?" 하는 불만들이 계속 들린다.

지금껏 서류 전형 준비를 했으니 이제 같이 서류 전형을 해보자.

인사 담당자는 먼저 이력서를 본다. 이력서를 가장 먼저 보는 이유는 제일 위에 놓이기 때문이다. 이력서가 제일 위에 놓이는 이유는 한눈에 빨리 지원자의 많은 정보를 파악할 수 있는 구조이기 때문이다. 한눈에 빨리 파악해야 시간이 단축된다. 이력서에는 사진, 이름, 나이, 성별, 학교, 전공, 학점, 어학 점수, 신체 사항, 가족 관계 등과 같은 정보들이 담긴다.* 이력서에 담기는 정보는 지원자 마음대로 바꾸어서 기재할 수 없다. 그러므로 이력서에 기입되는 지원자에 관한 내용은 객관적인 정보다.

다음은 자기소개서다. 항목별 질문이 주어지더라도 자기소개서의 내용은 지원자 마음대로 정한다. 주관적인 정보다. 인사 담당자는 객관적인 정보가 담긴 이력서와 주관적인 정보가 담긴 자기소개서를 근거로 서류 전형을 한다. 기억하자. 철저하게 객관적인 정보(이력서)와 철저하게 주관적인 정보(자기소개서)로 서류 전형을 한다.

미리 말하지만 인사 담당자는 매우 불쌍한 사람이다. 거의 모든 지원자가 인사 담당자의 실낱같은 기대를 배신하기 때문이다. 이제 우리가 불쌍한 인사 담당자가 되었다고 생각하고 가상으로 서류

---

* 특정한 장비를 사용하기 위해 요구되는 신체 조건이라거나 업무 수행에 특정 언어가 필수적이라면 기재를 요구할 수 있지만, 직무와 직접 상관이 없는 사진, 성별, 신체 사항, 가족 관계 등 개인 정보는 입사 지원서의 항목에서 배제하는 것이 최근 추세다. 세상이 합리적으로 변해가고 있다는 뜻이다. 만약 직무와 직접 연관이 없는 사적인 정보를 요구하거나 궁금해 하는 회사가 있다면 당당하게 문제 제기를 하는 것이 좋다. 아직도 구시대적인 무의미한 관습으로 잘못된 채용 관행을 가지고 있는 회사가 있다면 구직자나 주위 사람들의 관심과 문제 제기로 바꿔나가는 것이 좋다.

전형을 해보자. 먼저 이력서를 본다. 사진이 있고 학교, 전공, 나이, 학점, 어학 점수와 같은 정보들이 나열되어 있다. 취업 희망자가 목숨을 거는 객관적 스펙이 잔뜩 기입되어 있다. 물론 내세울 게 없는 빈약한 이력서도 있다. 화려한 스펙이 담긴 이력서를 발견한 인사 담당자가 감동의 눈물을 흘리며 '합격!'을 외칠까? 아니다. 초절정으로 화려한 스펙에도 인사 담당자는 아무 반응이 없다. 이력서를 한눈에 훑어본 인사 담당자는 냉소를 지으며 한 장을 넘긴다. 자동이다.

자기소개서가 펼쳐진다. 스펙이 완벽한데 무엇이 문제가 되고, 무엇을 더 보고 싶어서 자기소개서를 읽어보려고 할까? 소개팅 받을 사람의 SNS 프로필을 보고 결혼을 결심하지 않는 것과 같다. 어떤 지원자인지 더 알아봐야 한다. 다시 말하면 이력서에 기재된, 입을 딱 벌리게 만드는 스펙만 가지고는 이 지원자가 어떤 사람인지를 판단할 수 없다. 반대의 경우도 마찬가지다. 이력서의 객관적 정보와 스펙이 매우 초라해 지원자의 상태가 의심스러울 경우에도 섣불리 '불합격!'을 외치지 않는다.

이력서의 내용이 어떠하더라도 인사 담당자는 오래된 습관처럼 자기소개서를 검토한다. 하지만 몇 초 뒤 '괜히 봤어' 하고 후회하며 자기소개서를 끝까지 읽어보지도 않고 덮는다. 지원자들이 쓴 자기소개서 중 거의 99퍼센트는 자기소개서가 아니다. 제목만 자기소개서일 뿐 모두들 '표준 소개서', '남의 소개서'를 쓰고 있다. 당신이 기겁할 아주 식상한 예를 들면, 군 생활을 통해서 인내심을 배웠고,

동아리 회장을 역임하며 리더십을 배웠으며, 다양한 아르바이트 경험을 쌓으며 대인 관계를 배웠다고 한다. 1,000명 중에 999명이 똑같은 이야기다. 당신이 인사 담당자라면 어떤 생각을 하게 될까?

이력서만으로는 지원자가 어떤 사람인지 제대로 판단할 수 없어서, 좀더 알고 싶어서(또는 속는 마음으로) 자기소개서를 읽어보지만 역시나 거의 모두가 구태의연한 말, 교과서적인 말, 일반적인 말, 막연한 말, 추상적인 말을 하고 있다. 각기 다른 사람이 아니라 대량 생산된 로봇이다. 그래서 인사 담당자는 불쌍하다. 똑같은 글을 늘 읽어야 하니 말이다. 안 볼 수도 없다. 운명이다. 운명의 시간도 반복되다 보면 속도가 난다. 채용 기계였던 나는 자기소개서를 읽는 데 4초 전후면 충분했다. 속독을 하듯이 시선을 위에서 아래로 쭉 내리면 끝이다.

누구든 똑같은 일을 하고 똑같은 것을 보면 일의 속도가 경이롭게 줄어든다. 주위에서는 남의 속도 모르고 달인이라고 부른다. 근면, 성실, 끈기, 리더십, 봉사, 대인 관계, 원만함, 최고의 인재, 인내심, 열정, 배려, 존중, 회사에 필요한 사람, 준비된 인재, 적극적, 진취적, 창조적, 회사의 이익 등과 같이 식상하고 무미건조한 단어들로 이루어진 문장과 단어들이 눈에 보이면 꼼꼼히 읽지 않는다. 읽어봤자 뻔하다. 요즘은 에피소드, 스토리, 경험, 경력이 중요하다며 일화 위주의 자기소개서 작성법이 유행한다. 역시 마찬가지다. 다 비슷비슷해서 의미가 없다. 자신만의 경험을 통해 뼈저리게 느끼고 배운 것이 아니라면 군대에서 인내심을 배웠다는 말처럼 울림이 없기는 매한가지다. 그러나 진심이 담긴 글은 거칠고 서툴러도 시선을 사로잡고 잠시 하는 일을 잊게 만든다.

자기소개서를 검토한 인사 담당자는 더욱 시니컬해진다. 어떤 지원자인지 본격적으로 알고 싶어서 자기소개서를 보았지만 참고할 것이 없으니 다시 이력서로 눈을 돌린다. 어쩔 수 없이 이력서에 담긴 객관적인 정보로 지원자를 판단한다. 결국 객관적 정보의 결정판인 스펙이 판단의 기준이 된다. 스펙으로 판단하기 싫었는데 방법이 없다. 나머지 내용들은 스펙만도 못하니까. 이력서와 자기소개서 두 가지를 통해 서류 전형을 한다고 해도 결국 이력서만으로 서류 전형을 할 수밖에 없다. 누가 이런 비극적인 현실을 만드는가? 바로 지원자들 자신이다.

흔치 않지만 지원자만의 경험에서 우러나온, 삶의 가치관이 녹아든 진짜 자기소개서가 가끔 발견된다. 솔직히 인사 담당자는 그런 지원자를 발견할 때 일할 맛을 느낀다. 대량 생산된 기계가 아니라 사람을 보는 기쁨이다. 그럴 경우 인사 담당자는 고민한다.

'스펙 관리에 조금만 신경을 쓰지, 학점이 2.9가 뭐야. 이 친구 괜찮을 것 같은데……. 그것참.'

잠시 고민을 한다. 솔직한 심정은 어떤 지원자인지 직접 보고 싶지만, 그러기에는 스펙에 문제가 있어 어려움이 있다. 그러다 옆의 동료에게 고개를 돌리며 "여기 이런 지원자가 있는데……"라며 물어본다.

이 지원자가 면접 대상자가 될 확률은 얼마나 될까? 대략 반반이다. 하지만 만약 이 지원자가 면접을 보게 된다면 면접에서 합격할 확률은 90퍼센트 이상이다. 왜 그럴까? 경험상 이런 지원자는 면접에서 어떤 질문에도 잘 대답한다. 이 친구는 경험을 통해서 긍정적이고 건강한 가치관이 확고하게 형성되어 있어서 어떤 종류의 질문에도 면접관을 매료시키는 대답을 잘해낼 가능성이 90퍼센트 이상이다.

이 지원자가 부족한 스펙을 올리기 위해 총력을 기울이는 대신 멋진 자기소개서를 쓰려고 스토리 위주의 자기소개서 작성법 강의를 듣고, 샘플을 보며 연구하고, 돈을 주고 자기소개서 대필을 부탁했을까? 채용 담당자의 마음을 움직이는 자기소개서를 쓰려면 주어와 술어의 배치, 문장 구조와 같은 기본적인 글쓰기 공부가 필요하지만, 좋은 자기소개서를 쓰게 만드는 건 바로 지원자 자신의 삶이다. 취업을 위해 너도나도 유행처럼 하는 영혼 없는 경험은 흔해빠진 스펙처럼 의미가 없다. 취업을 위한 수단적 경험은 동기도, 과정도, 결과도 뻔하기 때문에 스스로 감동받기 힘들다. 스스로 감동받지 못한 의미 없는 경험으로 다른 사람을 감동시키는 것은 불가능하다. 만약 감동을 시킨다면 그건 사기의 영역이다. 아무리 취업이 절실해도 사기까지 치는 건 도리에 어긋나는 일이다. 대체로 끝이 좋지 않다.

인사 담당자는 자기소개서다운 자기소개서를 읽고 싶어 한다. 지원자는 인사 담당자의 간절한 마음을 모른다. 지금 이 순간에도 속는 셈치고 어떤 지원자인지 좀더 알고 싶어 자기소개서를 들추어보지만

스펙 관리에 힘을 쏟으면 쏟을수록
서류 전형에서 불합격될 가능성이 점점 높아진다.
모든 지원자의 스펙이 상상을 초월할 정도로 상향 평준화되고
자기소개서는 점점 똑같아지기 때문이다.

'진짜 자기소개'는 찾아보기 힘들다. 인사 담당자는 이렇게 순간순간 지원자에게 무참하게 배신당하고 있다. 똑같이 가식적이긴 하겠지만 지원자의 동영상 자기소개를 보는 것이 판단하는데 훨씬 도움이 될 거라는 생각도 한다. 그들은 오늘도 밤늦도록 서류 전형을 하다가 회의감에 긴 한숨을 쉰다. 그러고는 고개를 돌려 옆 동료에게 한마디 툭 던진다.

"요즘 20대들은 아무 생각이 없어!"

스펙 관리에 힘을 쏟으면 쏟을수록 서류 전형에서 불합격될 가능성이 점점 높아진다. 모든 지원자의 스펙이 상상을 초월할 정도로 상향 평준화되고 자기소개서는 점점 똑같아지기 때문이다. 취업 스펙이라는 공동 무덤을 함께 파다 보면 나중에는 모두가 빠져나오기 힘들어진다. 채용 판단의 핵심인 '지원자 자신'이 사라지기 때문이다.

헨리 데이비드 소로는 이렇게 말했다.

"집이 다 무슨 소용이 있겠는가? 그 집을 갖다 세울 건전한 지구가 없다면."

면접관들은 이렇게 말한다.

"스펙이 다 무슨 소용이 있겠는가? 그 스펙을 담을 좋은 그릇이 없다면."

일단 면접

•

돈을 벌고 싶다면 돈을 써야 한다.

T. M. 플라우투스

지금까지 한 말을 간단히 정리하면 이렇다.

'맹목적으로 취업 준비를 하지 말고, 스펙 쌓기를 하지 말고, 가짜 자기소개서를 쓰지 말고, 취업을 위한 수단적 경험을 하지 말라. 마음 가는 대로 하고 싶은 것을 하면서 상처받아 괴로워하고, 감동받아 기뻐하고, 슬퍼하며 울고, 성찰하며 배우고, 웃고 나누며 행복한 삶을 살기 위해 힘쓰고, 나 자신만의 삶의 의미를 찾는 사람이 되라. 그래야 자기소개서도 잘 쓸 수 있고, 면접도 잘 볼 수 있다.'

여전히 고개를 갸우뚱거리거나, 마음이 불편하거나, 가슴이 답답하거나, 화가 나는 사람이 있을 것이다. 이것은 자신의 생각이나 신념, 행동에 어긋나는 뭔가를 접했을 때 느끼는 공통 반응이다. 취업 준비생들이 합격의 주문처럼 중얼거리는 말이 있다.

"면접까지만 가면 어떻게 해볼 텐데⋯⋯."

이유는 대충 이렇다.

"뭐 틀린 말은 아닌 것 같지만, 아무리 그래도 현실에서는 스펙을 먼저 쌓아야 해. 그래야 최소한 서류 전형을 통과해서 면접을 볼 기회가 생겨. 난 일단 스펙을 높일 거야. 모두가 그렇게 살고 있는데,

나만 다른 선택을 하면 불안하고 두려워. 나는 좁은 길보다는 많은 사람이 선택한 넓은 길을 갈 거야. 그게 훨씬 안정적이야. 일단 스펙을 높여 좀더 많은 회사에서 면접을 볼 수 있는 기회를 얻을 거야. 취업도 어차피 확률 싸움이야. 그게 정답이야. 그게 한국의 현실이야. 한국에서 태어났으면 그렇게 사는 게 자연스러운 일이야."

아니다. 면접이다.

이 책을 읽으며 한 번이라도 마음이 불편하고 거부감이 생겼다면 그건 면접 때문이다. 스펙을 갖춰서 일단 면접까지는 가야 한다는 목표 때문이다. '일단 면접'이라는 신념으로 취업을 준비해서 면접의 기회가 왔다고 하자. 어떤 일이 벌어질까?

한국에서 누구보다도 면접 전형을 많이 한 전직 면접관으로서 말한다. 스펙만 쌓아서 소원대로 면접을 보게 된 지원자가 면접에서 보기 좋게 나가떨어질 확률은 90퍼센트 이상이다. 아마도 면접에서만 여섯 번 떨어졌다고 술자리에서 삶을 한탄하게 될 것이다. 스펙만 쌓으면 된다고 생각하는 지원자는 면접 들러리라는 신종 직업을 갖게 된다. 물론 급여는 없다. 괜한 말이 아니다. 면접에서는 스펙이 그다지 큰 힘을 발휘하지 못한다. 더 정확하게 말하면 면접에서 스펙은 의미가 없다.

나는 학부 때 무역학과를 졸업했다. 4년 동안 무엇을 배웠는지 거의 기억이 나지 않는데, 딱 하나 기억에 남는 것이 있다. 아직도 살아 움직이는 생생한 가르침이다. 전공 필수 과목의 첫 수업으로 기억한다. 교수님이 우리에게 물었다.

"너도나도 수출을 많이 하는 것이 좋다고 하는데, 수출을 왜 해야 합니까?"

수출을 많이 해야 국제 수지가 흑자가 된다, 자본이 축적된다, 국내 수요가 진작된다, 경제가 산다…… 등등 상식적인 수준의 답이 나왔다. 교수님은 웃으며 고개를 저었다. 그리고 이렇게 답했다.

"역시 여러분은 근본적인 원리에 약해요. 수출을 하는 이유는 단 한 가지입니다. 바로 수입을 하기 위해서입니다."

너무나 간단하지만 명쾌한 대답에 학생들은 고개를 끄덕였다. 나는 아직도 그때의 질문과 대답을 생각하며 고개를 끄덕인다. 수출을 하는 이유는 수입을 하기 위해서다. 수입을 하는 이유는 그것이 필요해서다. 필요한 것을 사기 위한 돈을 마련하기 위해 수출을 한다.

돈을 버는 이유도 마찬가지다. 돈을 버는 이유는 무엇인가? 쓰기 위해서다. 돈은 써야 비로소 가치가 발생한다. 쓰지 않는 돈은 종잇조각일 뿐이다. 돈을 버는 것도 중요하지만 돈을 벌기에 앞서 제대로 쓰는 방법을 아는 것이 더 중요하다. 면접의 개념을 다시 한 번 정리해보겠다.

수출을 하는 이유는 수입을 하기 위해서다.

돈을 버는 이유는 돈을 쓰기 위해서다.

회사에서 사람을 뽑는 이유는 일을 시키기 위해서다.

회사에서 서류 전형을 하는 이유는 면접을 보기 위해서다.

회사에서 면접을 보는 이유는 어떤 사람인지 보기 위해서다.

똑같은 지원자들 중 한 명을 채용한 면접관에게 공식적으로 채용 이유를 질문하면 뭐라고 대답할까? 문서 보관실에서 영구 보관이라고 분류된 면접 사정표를 찾아, 알아볼 수 없는 글씨로 면접 내용을 이리저리 휘갈겨 쓴 개별 면접 사정지를 보며, 이러쿵저러쿵 대변인의 공식 브리핑 같은 번지르르한 말들을 늘어놓아 분위기를 숙연하게 만들지도 모르겠다. 하지만 면접관의 친구가 사석에서 그 사람을 뽑은 진짜 이유가 뭔지 진솔하게 말해달라고 하면 뭐라고 대답할까? 몇 가지 이유를 대기는 하겠지만, 결론은 '느낌이 좋았다'로 귀결된다.

모든 사람이 그렇듯이 면접관도 컴퓨터 연산 프로그램이 아니다. 찰나의 단편적인 정보를 모조리 조합해서 합리적인 결론을 도출하는 인공 지능은 물론 아니다. 그래서 인간은 인간만의 방법으로 대상을 판단한다. 채용의 핵심은 면접이고, 면접은 사람이 사람을 판단하는 과정이다. 지원자가 어떤 사람인지, 일을 잘할 만한 사람인지를 판단할 때 면접관은 '느낌'으로 판단한다. 전문적인 용어로 '감'이라고 한다. 환장할 노릇이다. 고작 감이라니.

느낌의 또 다른 이름은 인성이다. 인성이 좋아 보인다는 말은 느낌이 좋다, 감이 좋다는 말이다. 취업을 하려고, 객관적으로 뛰어난 나를 보여주기 위해 삶을 바쳐가며 그렇게 스펙을 쌓았는데, 고작 감이라니. 실망스럽고 믿고 싶지 않겠지만 사실이다. 공정하고 과학적이며 객관적인 채용 프로세스를 표방하기 위한 각종 검사, 테스트, 과정들은 물론 AI면접까지도 모두 참고 자료일 뿐, 결국은 '됨됨이가 괜찮고 일을 잘할 것처럼 보이는 지원자를 느낌으로 결정한다'가 진실이다. 사람이 사람을 판단하는 일은 그렇다. 당신도 그렇듯이.

면접과 삶

●

나는 내가 행동한다고 느끼는 것으로 나를 판단하지만,
다른 사람은 내가 이미 행동한 것으로 나를 판단한다.

H. W. 롱펠로

입사해서 처음으로 면접관이 되었던 날의 기억이 생생하다. 면접관은 인사팀 한 명, 신입 사원이 배치될 부서들을 대표하는 관리자 두 명, 총 세 명이었다. 나는 채용 담당자이자 인사팀 대표 선수여서 면접 진행과 면접관이라는 두 가지 역할을 해야 했다. 면접관이 여러 명인 이유는 한 사람의 치우진 주관을 배제하기 위한 장치다. 면접은 사람이 사람을 직관적으로 판단하는 주관적인 결정을 하는 일이기 때문이다. 이 말은 곧 세 명의 면접관 모두가 합격시킨 지원자가 최종 합격자가 된다는 뜻이다.

면접이 끝나면 세 명의 면접관이 판단한 개별 면접 사정표의 합격, 불합격 결과를 종합 사정표에 옮기고, 세 명의 면접관 모두가 합격시킨 면접자를 가려 최종 합격자로 결정한 후, 각각의 면접관이 서명을 한다. 면접 사정 과정에서 두 명의 면접관이 아주 좋게 본 면접자를 한 면접관이 불합격시킨 경우에는 면접관들이 상의해서 합격시키기도 한다. 이것 역시 한 사람의 잘못된 주관적 판단을 막기 위한 장치다. 면접의 형식과 내용은 제각각이지만 기본 포맷은 대동소이하다.

인사팀 대표 면접관인 나는 전반적인 일의 진행은 물론 면접자가 들어오면 본인 확인, 착석, 진행 설명, 면접 진행, 질문, 시간 관리 등을 하며 면접의 흐름과 내용을 수시로 체크해야 한다. 면접자의 자기소개가 끝나면 다른 면접관들이 질문을 준비할 시간을 주기 위해 통상 인사팀 면접관이 첫 질문을 던진다. 면접관들끼리 아무리 빨리 진행하자고 합의를 해도 한 번도 예정 시간보다 빨리 면접이 끝난 경우가 없었다는 건 참으로 미스터리다. 항상 쫓기듯 시간 관리를 해야 했다. 몇 번 경험한 후에는 이 모든 일들을 물 흐르듯 자연스럽게 진행하며 여유를 갖게 되었지만 처음에는 진행하랴, 질문하랴, 시간 관리하랴, 이것저것에 신경을 쓰느라 식은땀이 흘러내렸다. 무엇보다 내가 속으로 허둥대고 있다는 사실을 동료 면접관들에게 들키지 않고 면접의 전문가라는 걸 보여줘야 했으니 더욱 정신이 없었다.

첫 조를 정신없이 보내고 다음 조가 들어왔다. 진행을 시키고, 질문을 던지고, 다른 면접관이 질문을 하는 동안 잠시 숨을 돌릴 때, 엄청난 사실을 발견하고는 가슴이 철렁 내려앉았다. 첫 조 면접자들에 대한 합격 판단을 하지 않았던 것이다. 앞 조는 이미 나가버린 상태였고, 하도 정신이 없어서 첫 조 다섯 명의 면접 내용은 물론 면접자의 얼굴도 전혀 떠오르지 않았다. 지푸라기라도 잡는 심정으로 이력서의 사진을 보았지만 기억나는 얼굴이 하나도 없었다. 이력서상의 사진과 실제 모습은 딴판이었으니 애초에 기대할 수 없는 일이었다.

크나큰 실수, 치명적인 실수를 했다는 사실에 가슴이 널뛰듯 했다. 그런 와중에도 면접 진행은 해야 했고, 질문을 던져야 했다. 이미 지나버린 앞 조에 신경을 쓰면 2조마저 놓쳐버려 상황은 더 나빠진다. 그래서 일단 2조 면접자들을 판단하는 데 집중했다. 결국 어쩔 수 없이 1조 다섯 명 중에 임의로 두 명은 합격, 세 명은 불합격 판정을 했다. 그들에게는 운명이 달린 일인데, 면접관으로서 절대로 해서는 안 될 참으로 무책임한 일을 저지른 것이다. 면접이 끝나고 생각해보니, 1조 모두에게 합격 최저점수를 주고, 다른 면접관들의 판단에 맡겼으면 자연스럽게 해결될 일이었다.

강렬하고 부끄러운 첫 면접관으로서의 시행착오를 겪고 난 뒤에는 면접자를 보면 되도록 최대한 빨리 합격, 불합격 여부를 판단하게 되었다. 작은 태도, 사소한 표정, 말실수, 미묘한 느낌으로 일단 가부 판단을 한 다음 면접 과정을 통해 판단을 검증하고 수정해 나가는 방법을 채택하게 되었다. 좀더 시간이 흐른 뒤 경험 있는 면접관들은 대개 같은 방법으로 면접자를 판단하고 있다는 사실을 알게 되었다.

선 판단 후 검증의 방식을 채택하지 않고, 면접자가 퇴장하고 다음 면접자들이 입장하는데도 합격 여부를 결정하지 못하고 고민하고 있으면 면접관의 자격이 없다. 그래서 면접관은 논리가 아닌 직관의 힘으로 지원자를 판단한다. 느낌이라는 직관으로 지원자를 판단하고, 그 근거를 찾아내어 판단의 논리를 만들어내는 방식이다.

인공 지능 전문가들에 따르면 인공 지능에게 쉬운 것은 사람에게 어렵고, 사람에게 쉬운 것은 인공 지능에게 어렵다고 한다. 사람에게는 며칠 넘게 걸리는 복잡한 수학 연산을 인공 지능은 몇 초면 끝낼 수 있지만, 고양이와 개를 구분하는 것 같은 사람에게는 아주 쉬운 일이 인공 지능에게는 불가능할 정도로 어려운 일이다. 외형적 정보로 뭔가를 판단하는 것은 컴퓨터의 운영 원리인 논리와 연산의 영역이 아니라 인간만의 능력인 직관의 영역이기 때문이다.

최근 인공 지능이 개와 고양이를 구분하기 시작한 것은 논리와 연산이라는 컴퓨터의 특성을 버리고, 유아가 세상을 배워 나가듯 수많은 이미지를 통해 반복 학습하는 딥 러닝 방식을 채택한 덕분이다. 면접관의 입장에서 보면, 면접이라는 한정된 시간에 지원자가 어떤 사람인지, 곧 됨됨이가 괜찮은지, 일을 잘할 만한지 파악하는 것이다.

학점이 4.1이니까 직무 능력에 8점 추가, 프로젝트 경험이 있으니까 5점 추가, 직무 지식 질문에 대답하지 못했으니까 4점 감점 등과 같이 판단하는 면접관은 없다. 가능한 일도 아니고, 무엇보다 무의미한 일이다. 면접관의 판단 기준은 비언어적인 영역이다. 만약 틀에 박힌 모범 답변으로 훌륭한 대답을 한 면접자에게 높은 점수를 준다면, 그것은 면접관인 사람이 할 일이 아니라 잘 만들어진 프로그램이 할 일이다.

면접 기법에 대한 기술들이 봇물처럼 쏟아지고 인터넷에는 온갖 정보가 미세 먼지처럼 뒤덮고 있다. 면접에서 가장 신경 쓰이는 건 어떤 질문을 받을까 하는 두려움이다. 그래서 예상 질문을 수집하고 특정 회사의 질문 족보를 구하기도 한다. 몇백 개의 면접 질문과 함께 모범 답변까지 보여주는 친절한 책들도 있다. 물론 예상되는 질문을 미리 살펴보는 것은 면접에 도움이 될 수도 있다. 그러나 절대 다수의 지원자가 질문에 대한 모범 답변이 있는 것으로 착각을 하고 있는 점은 매우 안타깝다.

면접에서 모범 답변은 있을 수 없다. 똑같은 질문에 똑같은 대답을 해도 결과는 천차만별이다. 면접관은 기계적인 대답이 아니라 말이라는 매개를 통해 지원자의 진짜 생각과 마음을 읽는다. 면접은 예상 질문을 공부하고 모범 답변을 외워서 막힘없이 대답을 한다고 해결되는 것이 아니다.

면접이 어렵게 느껴진다면, 입시 위주의 교육 때문에 의문을 품을 수 없는 '인공두뇌'가 되었기 때문이다. 면접관의 질문이 두려운 것은 평소 자신과 삶에 대해 스스로 질문을 충분히 해보지 않았기 때문이다. 해야 할 것 같은 말만 골라내는 면접자가 되면 안 된다. 하고 싶은 말을 해야 한다. 상황에 따라 정해진 반응을 하는 로봇이 아니라, 느끼고 깊이 생각하는 사람이 되어야 면접을 잘 볼 수 있다. 만약 문제 풀이처럼 면접을 준비한다면 면접관의 반응은 이러할 것이다.

'이건 사람이 아니라 ARS군.'

사람이 아닌 로봇을 채용하기 위해 면접을 보는 회사는 지구상에 없다. 면접은 기술이 아니다. 물론 면접 예절, 면접 태도는 필요하다. 하지만 이것은 밥을 먹고 양치질을 하는 것처럼 누구나 갖춰야 할 기본 중의 기본이다. 그것도 면접을 대비해서 준비하는 것이 아니라 평소의 생활 습관으로 우러나와야 어색하지 않다. 면접 질문과 대답을 수백 개씩 확보하고 형광펜으로 밑줄을 그어가며 외워서 면접을 준비하는 지원자도 있다. 어처구니가 없다. 아무리 모범 답변을 잘 외워서 로봇처럼 근사한 대답을 해도 결과는 각각 다르다.

면접의 기술만 갖추면 합격한다고 강조하는 세태를 보면 전직 인사 담당자, 면접관으로서 기분이 매우 나쁘다. 현업에 있는 면접관은 더욱 기분이 나쁠 것이다. 면접관을 무시하는 말이어서가 아니라 취업 준비생을 기만하는 선동이기 때문이다. 면접관은 기계나 프로그램이 아니다. 일반인도 상대방이 가식적으로 내뱉은 말과 표정에 속아 그 사람을 판단하지는 않는다. 면접관은 바보가 아니다. 지원

온갖 형식의 면접이 존재하는 것은
면접을 통해 지원자의 스펙이나
다듬어진 모습이 아닌 진짜 모습을 보겠다는
회사의 몸부림이다.

자가 면접 기술을 높이면 높일수록 면접관은 더 시니컬해진다. 기술이 문제가 아니다.

면접관은 비언어적인 부분에서 면접자의 감추어진 무언가를 느낌으로 잡아낸다. 그리고 그 무언가는 평소의 생활 습관인 말과 행동, 생각에서 나온다. 면접관이 특별한 사람이어서가 아니다. 당신이 다른 사람을 판단하는 것처럼 면접관도 똑같이 판단한다. 다만 면접관의 판단은 하나의 목적이 있을 뿐이다. '일을 잘할 수 있는 사람'을 가려내겠다는 목적.

온갖 형식의 면접이 존재하는 것은 면접을 통해 지원자의 스펙이나 다듬어진 모습이 아닌 진짜 모습을 보겠다는 회사의 몸부림이다. 스펙보다 인성을 더 중요하게 생각한다는 의미이기도 하다. 면접은 지원자가 어떤 사람인지 판단하는 과정이므로 모든 면접의 본질은 인성 면접이다.

지원자를 판단할 때 면접관은 인상에 좌우되기도 한다. 여기서 인상이란 흔히 말하는 외모가 아니라 면접관이 받는 느낌을 말한다. 겉으로 드러난 인성이 인상이다. 평소의 모습과 다른 면접용으로 성실하고 긍정적인 모습을 보여줄 수 있는 지원자는 극히 드물다. 이런 지원자는 회사가 아니라 영화계로 진출해야 한다. 요즘에는 일상에서의 치열한 성찰 없이는 배우도 되기 힘들다.

학창 시절 동안 자신의 삶에 대해 치열한 고민을 하지 않고, 실제 경험도 없고, 오로지 스펙을 쌓는 데 대부분의 시간을 보낸 지원자는 면접장에서 비참해질 수밖에 없다. 교과서적인 자기소개서를 달달 외우고, 평소 습관과는 거리가 먼 면접용 대답만 늘어놓다가 내 앞에서 쥐구멍이라도 찾으려 했던 지원자를 무수히 많이 봤다. 접근하는 방식과 질문 스타일의 차이가 있을 뿐이지 모든 면접관은 다 같은 심정이다. 면접관은 지원자의 '진짜 모습'을 알고 싶어 한다.

현실이 이런데도 아직도 보여주기 위한 스펙만 쌓으면 취업 문제가 해결된다고 생각하는가? 이미 자신과 삶에 대해 숱한 의문을 품고 살았고, 그 의문에 대한 해답을 찾았으며, 누가 무엇을 물어도 자기 생각을 말할 수 있고, 어떤 상황에도 흔들리지 않고 지혜롭게 대처할 수 있으며, 삶이 매우 행복해서 표정은 항상 밝고 하루하루가 빛나는 느낌이 든다면, 아니 그런 모습과 조금이라도 비슷하다면 면접 걱정은 접고 스펙을 갖추는 데 몰입해도 좋다. 취업 준비는 스펙 쌓기가 아니라 지원자 자신의 삶으로 준비하는 것이라는 말이 이제 조금 이해가 되는가?

최근 들어 회사의 대표가 갑질을 하다 알려져 사과를 하는 일이 심심찮게 벌어진다. 그런 사과 영상을 보면 어떤 생각과 느낌이 드는가? 그의 입장과 실수에 공감하며 함께 안타까워하고, 그도 실수를 할 수 있는 한 인간일 뿐이니 내 죄를 용서하듯이 용서해주고, 대중 앞에 서서 저렇게 진정성 있게 자신의 모습을 보여주는 용기에 감동받아 앞으로 그 회사의 물건을 많이 사주고 홍보도 해주어야겠다는 생각이 드는가? 아니면 진실이 담기지 않은 말과 가식적인 모습에 한심해 하며 '원래 저런 인간이었네' 하는 생각이 드는가?

나쁜 일을 저지르지 않았다는 차이점이 있을 뿐 회사의 대표가 영상에서 사과하는 모습은 면접장에서 보이는 지원자의 모습과 비슷하다. 삶에 대한 진지한 고민 없이 입시 경쟁, 스펙 경쟁으로 시간을 보내다가, 어느 날 갑자기 면접장에 와서 받는 이런저런 질문에 좋은 말, 좋은 모습만 보여주려고 애쓰다 보면 비슷한 모습이 된다. 물론 취업 준비생들은 사회에서 오랜 세월 찌들지 않았기 때문에 회사의 대표보다는 대체로 훨씬 표정이 밝고 화사하다. 취업에 대한 인식이 바뀌지 않으면 자기소개서의 내용과 면접 때의 자기소개는 텔레비전에 나오는 가식적인 그들의 사과문과 다를 바가 없다.

세상과 삶의 문제 같은 건 나중에 관심을 갖기로 하고 일단 취업 준비만 할 수도 있다. 다행히 운이 좋아 취업을 할 수도 있고, 취업은 실패했지만 다른 일을 해서 돈을 많이 벌 수도 있다. 그렇게 세월이 흘러 어느 날 거울 앞 자신의 모습이 수십 년 전에 영상으로 보았던 회사의 대표와 참 닮았다는 생각이 들 수도 있다. 젊은 날의 목표가 이런 사람이 되는 것이었기 때문에 뿌듯해할 수도 있고, 지난날을 아쉬워하며 후회할 수도 있다. 당신이 어떤 선택을 하든 그 선택을 지지하고 반대하는 것과 상관없이 나는 그 선택을 인정하고 존중해줄 수는 있다. 당신의 삶은 당신이 살아가는 것이므로 스스로 선택해야 하기 때문이다. 다만 사는 대로 생각하지 않고 생각하는 대로 살고 싶으면, 훗날 어떤 삶을 살아갈 것인지는 지금의 선택에 달려 있다는 걸 기억하라.

분기의 원리

●

언제나 남과 경쟁하려는 마음은 자칫하면 습관이 되어
경쟁이 전혀 필요 없는 분야에서도 발휘하게 된다.

B. A. W. 러셀

취업이 힘들수록 취업에 더 집착한다. 그러니 더 힘들어진다. 힘들면 다른 길을 선택하는 게 자연스러운데 왜 더 집착할까? 이상한 일이다. 선택할 게 하나밖에 없는 걸까? 선택할 게 하나밖에 없다는 것은 선택할 게 없다는 것과 같다. 그것은 노예의 삶이다. 노예는 선택할 수 없다. 선택할 수 있다면 어려운 길을 피해야 한다. 그런데 우리는 왜 힘든 경쟁의 길을 선택할까?

우리 사회에서 경쟁은 숨 쉬는 것처럼 자연스럽다. 우리가 운명처럼 받아들이는 '경쟁'이라는 개념은 다윈의 『종의 기원』에서 시작되었다. 『종의 기원』이 발표되었을 때 서구 세력들은 제국주의를 기치로 다른 나라를 침탈하고 있었다. 제국주의자들은 그들의 침략을 합리화시킬 이론적 근거가 필요했다. 그것이 바로 '약육강식'이었다.

『종의 기원』을 통해 그들은 '보아라. 동물의 세계, 자연의 세계도 강한 자만이 살아남는다. 우리가 약한 나라를 침략하는 것은 자연의 원리다. 세상은 끊임없는 경쟁의 세계'라는 논리를 만들었다. 약육강식이라는 말에 고개를 끄덕인다면 아직까지 우리의 의식 속에 제국주의의 그늘이 드리워져 있는 셈이다.

다윈이 정말 하고 싶었던 말은 그의 또 다른 저서 『분기의 원리』에 나와 있다. 자연은 최대한 경쟁을 피하는 쪽으로 진화해왔다는 이론이다. 하지만 빅토리아 시대의 제국주의자들은 『분기의 원리』에 주목하지 않았다. 정치적 권력을 확대하려는 그들에게 필요한 이론이 아니었기 때문이다. 다윈은 말년에 정작 자신이 하고 싶었던 말은, 약육강식과 경쟁의 원리가 아니라 경쟁을 피하고 조화와 균형을 찾아가는 '분기의 원리'라고 회고했다. 제국주의자들에 의해 다윈의 일부 이론만 수단화된 사례다.*

인류의 역사는 경쟁을 피하는 방식으로 주거지를 확대해왔고, 지구의 모든 존재는 경쟁을 피하는 방향으로 진화해왔다. 동물의 활동 영역은 서로 침범하지 않도록 그물망처럼 촘촘히 연결되어 진화했고, 식물도 각자의 방식으로 햇빛을 받기 위해 다른 종과 경쟁을 피하는 방식으로 진화했다. 그래서 다양한 생물종이 생겨난 것이다. 경쟁을 피해 조화와 균형을 찾는다는 주장은 생물의 다양성을 설명

---

* 『생태학, 그 열림과 닫힘의 역사』, 도널드 워스터, 강헌, 문순홍 옮김, 아카넷, 2002

하는 최신의 설득력 있는 이론이다. 그러나 유독 인간만이 특정한 목적을 이루기 위해 경쟁을 조장하고 있다.

영화 〈대부〉에 이런 대사가 나온다.

"내가 죽은 뒤 배신자를 찾고 싶으면, 이제는 화합할 때라고 말하는 자를 찾아라. 바로 그자가 배신자다."

정상적인 상식을 가진 사람은 이렇게 말한다.

"남북한의 갈등을 조장하고 전쟁을 일으키려 하는 자, 바로 그자가 민족의 매국노다."

나는 이렇게 말한다.

"학생들에게 경쟁을 강요하고 부추기는 자, 그들이 바로 취업을 가로막는 적이다."

면접관에게 스펙은 한글을 읽고 쓸 줄 아는 정도를 확인하는 참고 자료일 뿐이다. 누구나 그 정도는 갖추었다고 여기니 스펙의 차이가 인재를 선별하는 절대적인 잣대가 될 수 없다. 사실이 이러한데도 스펙을 쌓아야 한다는 잘못된 정보들이 넘쳐나고 있다. 이유는 다음의 세 가지다.

첫째, 취업에 성공한 합격자가 자신이 합격한 진짜 이유를 모른다. 그래서 그동안 스펙을 쌓기 위해 노력한 결과로 취업했다고 착각하고 이를 전파하여 잘못된 정보를 재생산하고 있다.

둘째, 스펙이 가장 만만하다. 취업을 위해서 무엇을 어떻게 해야 할지 잘 모르지만 뭔가 조언을 해야 하는 입장에 있는 사람들이 스펙 쌓기를 강조한다. 채용을 해보지 않은 교수, 부모, 또래 친구, 학교 관계자 등이 이들이다. 이들은 사회의 상식이 되어버린 경쟁의 논리로 스펙 쌓기를 강조한다.

셋째, 스펙 쌓기로 이익을 얻는 자들이 스펙 쌓기를 강조한다. 스펙 쌓기를 외쳐서 이익을 얻는 자가 누구인지 생각해보라. 어떤 일로 인해 이익을 얻는 자가 누구인지를 헤아리면 세상이 보인다. 스펙 쌓기를 통해 이익을 얻는 자는 대개 이러하다.

- 회사에서는 콧방귀도 뀌지 않는 자격증을 선전하는 기관들
- 영어가 취업의 필수 스펙이라고 외치며 무수한 영어 콘텐츠를 개발하여 판매하는 학원들
- 회사 홍보를 위해 각종 공모전을 주최하며 취업에 도움이 될 것처럼 말하는 회사들(대부분의 지원자가 한두 개 이상의 공모전 경험이 있어서 입상 경력도 변별력이 떨어지는 실정)
- 취업의 필수 조건인양 어학연수나 배낭여행 상품을 팔아 돈을 버는 유학원과 여행사
- 재능 기부, 자원봉사, 열정 페이를 이용하여 노동력을 착취하며 신규 채용을 미루는 단체와 기관들
- 학생들의 장래를 위해 진짜 해야 할 일이 무엇인지 제대로 모르는 각 학교의 관계자들
- 취업을 비즈니스 대상으로 전락시킨 취업 프로그램 제공 회사들

스펙 쌓기로 이익을 얻는 자들이 스펙 쌓기를 강조한다.
스펙 쌓기를 외쳐서 이익을 얻는 자가
누구인지 생각해보라.
어떤 일로 인해 이익을 얻는 자가
누구인지를 헤아리면 세상이 보인다.

- 실제로는 인성 면접을 통한 주관적 판단으로 채용하면서, 객관적 채용 기준과 스펙을 앞세워 그럴듯한 이미지를 만들고자 하는 회사들
- 20대가 사회 문제에 관심을 끄고 스펙 쌓기에만 몰두해야 기득권 유지에 도움이 된다고 생각하는 위정자와 재벌들
- 산업 지형을 바꿔 좋은 일자리를 만들어내는 근본적 차원의 접근을 하지 않고, 취업자와 채용하는 기업에 지원금을 주는 식의 세금만 낭비하는 의미 없는 정책을 쏟아내는 정부

경쟁을 부르짖어서 이익을 얻는 자들이 누구인지 자세히 살펴보라. 기업의 인사 담당자가 나와서 학점 관리, 토익 점수, 자격증을 맹목적으로 강조하는지 귀를 열고 들어보라. 채용을 해본 사람은 맹목적 스펙 쌓기를 절대 강조하지 않는다. 만약 강조한다면 채용의 초짜이거나 양심을 살짝 속인 경우다. 스펙을 강조하라고 사주를 받았더라도 고민하며 에둘러 말할 수밖에 없다. 그들은 스펙이 썩 중요하지 않다는 것을 잘 알고 있기 때문이다.

그럼에도 불구하고 기득권 세력은 청년들이 더욱 열심히 스펙 쌓기에 전력을 질주하기를 바란다. 글로벌 시대의 흐름에 맞춰 국가 경쟁력 강화의 초석을 다지는 참으로 건전하고 바람직한 현상이라고 적극 장려한다.

"경쟁이 발전의 원동력이라는 것은 누구도 부정할 수 없는 진리며

시대의 대세라네. 한눈팔지 말고 계속 열심히 하게나. 취업난이 심각하다고 하지만 언제 그렇지 않은 때가 있었나? 그건 인생의 패배자들이 하는 변명이야. 불평하기보다는 스스로 운명을 개척해야지. 열심히 하면 누구나 성공할 수 있어."

이렇게 말하며 청년들의 어깨를 토닥이는 기득권층의 격려사가 귀에 들리는 듯하다.

세계화를 처음으로 도입한 김영삼 정부가 청년들에게 부르짖은 모토는 '나의 경쟁 상대는 세계의 누구인가?'였다. 세계에서 가장 큰 경쟁력을 가진다는 말은 '가장 우수한 능력을 갖추고 가장 싼 임금을 받는다'는 의미다. IT업계의 인도인들이 좋은 예다. 국가 경쟁력, 무한 경쟁, 스펙 쌓기, 경쟁 등의 단어에는 참으로 냉혹한 의미가 담겨 있지만 우리는 그 속에 담긴 뜻에는 관심이 없고 피리 소리를 따라가다가 강물에 빠져죽은 쥐 떼들처럼 그냥 앞만 보며 갈 뿐이다. 아이폰으로 한국의 통신업계는 물론 세계 IT 산업의 지형을 바꾼 스티브 잡스는 이렇게 말했다.

"우리는 경쟁은 안중에도 없이 예술적인 가치에 따라 움직였다. 우리의 목표는 탁월하게 훌륭해지고 기막히게 위대해지는 것이었다."[*]

취업과 인생도 마찬가지다. 취업에 성공하고 진짜 행복한 삶을 누리는 사람은 이렇게 말한다.

[*] 『미래를 만든 Greeks』, 앤디 허츠펠드, 송우일 옮김, 인사이트

"나는 경쟁과 스펙은 안중에도 없이 내 삶의 가치가 무엇인지를 생각하며 행동했다. 나의 목표는 내가 정말 원하는 것을 찾아서 행복해지는 것이었다."

2 의문을
대하는 법

Doubt Saves

•

어제에서 배우고, 오늘을 위해 살고, 내일에 대해 희망을 가져라.

중요한 것은 의문을 갖는 것을 멈추지 않는 것이다.

아인슈타인

합격자들의 스펙을 조사해보니 학점은 평균 3.4, 토익 774, 자격증
두 개를 보유한 것으로 나타났다.* 이 뉴스를 접하고 '저 정도만 준비
하면 되겠구나' 하고 생각하면 바보다. 결과가 그렇다는 것이지, 저

---

* 2017년 기업 157개사 설문 조사(자료 제공 : 사람인)

정도의 스펙이 커트라인이라거나 합격의 이유는 아니라는 말이다.

이런 이야기다. A라는 사람이 합격했다. A에게 물어본다.

– 왜 채용되었다고 생각합니까?

"글쎄요? 잘 모르겠습니다. 큰 목소리로 성격이 밝다고 말해서가 아닐까 생각합니다."

– 그런가요? 자격증은 몇 개죠?

"전 자격증이 다섯 개 있습니다."

A를 관찰해보니 말총머리를 하고 있었다. 그러면 이런 잘못된 정보가 일반화된다.

'말총머리에 자격증 다섯 개, 면접 때 성격이 밝다고 외치면 채용이 된다.'

그러자 모두가 따라하면서 관련 비즈니스가 붐을 이룬다. 각종 말총머리 스타일을 내세운 미용실이 유행하고 자기 미용실을 다녀간 합격자를 경쟁적으로 홍보한다. 지원 직무에 따라 회사가 선호하는 맞춤식 말총머리 스타일을 가르치는 학원이 생겨나고, 관련 정보와 후기들이 넘쳐난다. 목소리를 키우는 학원과, 합격자가 소지한 자격증을 따기 위한 각종 강좌와 교재 등 관련 상품을 홍보하는 샌드위치맨sandwich man들이 거리를 활보한다. 학교에서는 '성격이 밝다는 것은 무엇인가?'와 같은 새로운 교과목이 개설되고, 일련의 모든 상황과 홍보물이 인터넷에 도배가 된다. 얼마 뒤 온 나라의 취업 준비생 대부분은 큰 목소리와 말총머리에 자격증 다섯 개를 보유하고 성격이 밝다고 믿게 된다. 목표를 이루지 못한 취업 준비생들은 머리숱을 원망하며 목소리가 작은 것을 괴로워하고, 자신은 쓰레기 같은 존재라며 컴퓨터 앞에서 하루하루 시간만 때우며 산다. 회사 입장에서는 어이가 없지만 그래도 채용은 해야 하니까 똑같은 말총머리 지원자를 중에서 한 명을 뽑는다. 그러자 '그것봐. 역시 말총머리에 목소리가 크고, 자격증 다섯 개에 성격이 밝다고 하면 취업이 되잖아'라며 그렇게 믿는 사람들이 점점 많아진다. 급기야 말총머리를 하지 않은 사람에게 '너 그렇게 살다가 나중에 어떻게 하려고 그러니?' 하며 걱정해주는 사회가 된다.

과장된 비유로 실소가 나오겠지만, 실제로 이것이 우리의 현실이다. 나중에 한 선지자가 나타나 산수만 제대로 했어도 그런 사회가 되지 않았을 것이라며 안타까워할지도 모른다. 토익의 평균이 774점이라는 말은 990점인 합격자도 있고 600점인 합격자도 있다는 말이다. 다시 말하면 아무 의미가 없는 뉴스라는 뜻이다. 그래서 비극적인 결과를 막고 나와 세상을 구하기 위해 다음과 같은 교훈을 얻어야 한다.

"의심하자. 의문이 우리를 구할 것이다."

2007년 미국 발 서브프라임 모기지Subprime mortgage 사태가 터져 세계 경제가 휘청거리며 위기에 빠졌을 때, 뉴욕 월스트리트 거리에 시민들이 모여 금융계와 정부를 규탄하며 한동안 시위를 벌였다. 그때 피켓에 쓰인 상징적 문구는 'Greed Kills(탐욕이 모두를 죽인다)!'였다.

특정인의 탐욕뿐 아니라, 대중의 탐욕을 먹고 자란 자본주의의 어두운 단면에 분노하며 자성을 촉구하는 뜻이 담겨 있다. 취업이 심각한 사회 문제가 된 현실에 우리도 'Doubt saves(의문이 우리를 구한다)!'라고 외치는 분노와 자성의 목소리가 필요하다. 의심은 꼭꼭 닫힌 취업의 문을 여는 마법의 열쇠다.

취업하려면 정보를 의심해야 한다.

잘못된 취업 정보, 엉터리 상식으로 인한 비극적인 종말을 막기 위해 모든 정보는 일단 의심해야 한다. 정보의 출처와 목적을 잘 헤아려라. 어떤 정보든 원리를 이해하면 혜안이 생긴다. 그때그때 달라지는 지엽적인 취업의 팁이 아니라, 취업의 근본 원리를 이해하고 정보의 의도와 목적을 이해하면 숱한 정보들 가운데 엉터리 정보, 불필요한 정보를 가려내는 지혜가 생긴다. 끊임없이 의심하며 원리를 찾아나가면 밝은 눈을 얻게 된다. 그런 도움을 주려고 책을 썼지만, 이 책을 읽으면서도 끊임없이 질문하며 이치에 맞지 않는 부분이 없는지 살펴야 한다. 예외는 없으니까.

취업하려면 회사가 지원자들을 끝까지 의심한다는 걸 알아야 한다.

회사는 다 똑같아 보이는 수많은 지원자들 중에서 일을 잘할 것 같은 누군가를 채용해야 하는데 아무리 봐도 차별점이 없다. 인성도 거기서 거기, 느낌도 비슷비슷, 표정과 말과 행동도 비슷비슷해서 변별력이 없다. 도대체 누구를 뽑아야 할지 몰라 어지러울 지경이다. 그렇다고 포기할 수도 없다. 무조건 누군가를 추려내고 누군가를 뽑아야 한다. 채용 담당자와 면접관과 회사의 업무이자 운명이다.

일하기 쉽도록 지원자들의 취업을 위한 노력과 정성, 열정의 결과물인 스펙을 채용의 주요 잣대로 삼고 싶어도 그럴 수가 없다. 직무 역량과 큰 상관관계가 없어 채용 후 결과를 책임질 수도 없을뿐더러 일단 스펙 자체가 다 비슷비슷하다. 스펙만으로 채용하는 것은 복권 추첨과도 같아서 차라리 면접장에 온 선착순으로 채용하는 것이 더 의미가 있어 보이기도 한다.

그래서 회사는 인재를 선발하기 위한 방법으로 '의심'을 선택했다. 이력서에 기입된 단편적인 객관적인 정보 몇 가지, 자기소개서에 있는 오십보백보의 의미 없는 내용들, 면접 때 보여주는 비슷비슷하게 꾸며진 모습들로는 지원자가 어떤 사람인지 알 수 없다. 지원자가 하는 말을 믿어서도 안 된다. 지원자는 뭔가를 감추기도 하고, 스스로 모르고 있기도 하다. 그래서 회사는 지원자의 모든 것을 의심하며 감추어진 진실을 꺼내려고 한다. 회사는 시작부터 끝까지 의심을 품고 지원자에게 끊임없이 묻는다. 성장 과정, 성격, 학교생활, 지원 동기, 입사 후 포부 등 자기소개서의 항목을 통해 지원자의 자질을 의심하며 질문한다. 직무 적성을 의심하여 테스트를 해보기도 한다.

면접관은, 이 지원자는 도대체 어떤 사람일까, 지원한 진짜 이유는 무엇일까, 일에 대해 알고는 있을까, 저 대답이 과연 사실일까, 진짜 생각은 무엇일까, 부서 배치를 해서 업무를 시키면 과연 어떻게 일할까, 진실은 무엇일까 등 지원자의 표정과 눈빛, 행동, 말, 몸짓을 바라보며 끊임없이 관찰하고 의심하며 의문을 갖고 질문을 하는 사람이다. 의심의 결과인 질문과 대답, 비언어적인 피드백들은 판단의 근거가 된다.

지원자가 아무리 건강하다고 해도 회사는 믿지 않는다. 그래서 신체검사를 한다. 입사 후에도 의심은 멈추지 않는다. 수습 평가 기간을 두어 일정 기간 동안 관찰하며 의심한다. 수습 기간 동안의 의심으로 일을 잘할 사람이 아니라는 결론을 내리면 입사 취소를 한다.

수습을 통과해서 정직원이 된 후에도 마찬가지다. 주기적으로 인사 평가를 통해 일을 잘하는 구성원인지를 끊임없이 의심한다. 퇴직하는 그날까지. 아니 그래도 의심은 끝나지 않는다. 퇴직 후도 의심스러워서 기술 정보 비밀 유지 각서 등을 쓰게 하니까. 회사는 이처럼 의심하는 존재다.

취업하려면 나와 세상에 대해 의문을 가져야 한다.

회사는 지원자에게 의문을 가지고 끊임없이 물어온다. 이 질문에 대답하려면 지원자 스스로 먼저 의문을 가져야 한다. 이것이 취업 준비의 시작이며 뿌리며 토대다. 의문을 갖고 스스로에게 질문을 한 적이 없는 지원자는 다른 사람이 자신에게 품는 의문과 질문에 답할 수 없다. 면접관이 어떤 질문을 할지는 아무도 모른다. 그건 면접관 자신도 모르는 일이다. 회사가 나에 대해 물어오면 망설이지 않고 자신 있게 대답할 수 있도록, 평소에 나 자신과 나의 삶에 대해 의문을 품고 질문을 던지고 대답을 찾기 위해 힘써야 한다.

'나는 언제 행복한가? 내가 정말 하고 싶은 것은 무엇인가? 나는 어떤 사람인가? 어떻게 살고 싶은가? 왜 그런가? 그것들이 어떤 가치가 있는가?'

이런 의문들로 인해 좋은 인성이 형성된다. 또한 스스로 의문을 품고 단단해진 세월의 때가 묻은 자신만의 대답은, 자기소개는 물론 '왜 회사에 지원했는가, 어떻게 일하고 싶은가, 입사 후 포부가 무엇인가'로 대변되는, 회사가 나에 대해 물어오는 온갖 질문에 대한 울림 있는 대답으로 연결된다.

평소 세상과 사회에 대해 관심을 갖고 살피며 의문을 가지고 질문하고 대안을 찾아보려 노력하라. 때로는 정의롭지 못한 일, 부조리, 불합리, 나쁜 관행에 의문을 가지고 분노하며 저항하라. 내가 속한 사회에 참여하고 행동하며 배우고 느끼는 모든 것들, 세상 속에서 묻고 답하며 배우는 것이 진정한 공부다. 이 모든 과정을 통해 나는 성장하며 생각의 힘이 키워진다.

이렇게 내면의 힘이 생긴 지원자는 의심을 품고 던지는 면접관의 질문에 좋은 대답을 할 수 있다. 인생관, 직업관, 사회 현상과 이슈, 시사 문제, 도덕적 판단, 문제 해결 능력, 업무 아이디어 등 다양한 질문에 답할 수 있는 능력이 키워진다. 그래서 가장 구체적이고 효과

나 자신에게 던지는 의문과 질문은
내 삶을 다른 곳으로 인도한다.
의문의 다른 말은 삶의 변화와 개선의 가능성이다.
의문이 우리를 구원할 것이다

있는 취업 준비는 지원자 스스로 갖는 세상과 자신에 대한 의문이다.

의문을 품고 질문하며 자신만의 답을 찾아가는 과정을 거치지 못한 사람은 독립적이지 않다. 그것은 곧 자신만의 생각이 없다는 뜻이다. 자기 생각이 없으면 면접관의 질문에 대답은커녕 자기소개서 한 줄도 쓸 능력이 안 된다. 그래서 남의 것을 참고한다. 남의 것을 참고하니 생각도 남의 것이 되어간다. 껍데기만 남는 인생이다. 점점 가짜가 되어간다. 그런 취업 준비생, 지원자들을 회사에서는 우습게 본다. 남의 것을 참고해도 최소한 '이런 것은 문제야'라는 비판 의식을 가져야 한다. 비판 의식도 의문에서 시작된다.

의문은 우주를 창조하는 씨앗이다. 의문은 삶을 돌리는 연료다. 의문은 자신을 자신답게 만드는 마법이다.

채용 과정이란 회사의 현재 의문과 지원자의 과거 의문이 만나는 과정이다. 상대방의 질문으로 나의 삶이 달라지는 것이 면접이다. 상대방의 스쳐가는 질문으로 내 삶이 좌지우지되는 건 무척 슬픈 일이다. 상대방의 사소한 입김에도 부러질 듯 흔들리는 신세가 되지 않으려면 평소 세상에 대해 의문을 품고 자신에게 끊임없이 질문을 해야 한다. 자신과 세상에 의심을 품고 질문을 던지며 스스로 충분히 흔들려본 자만이 다른 사람의 질문에 흔들리지 않는다. 세찬 바람을 맞으며 뿌리가 더욱 단단해지는 나무처럼, 때로는 넘어질지라도 끊임없이 의문을 품어야 단단한 삶을 만들어나갈 수 있다.

삶의 변화는 의문과 질문에서 시작된다. 나를 전혀 모르는 면접관의 의문과 질문 몇 마디에 내 삶의 운명이 바뀌기도 하는데, 나 자신에게 던지는 의문과 질문은 내 삶을 얼마나 많이 바꾸겠는가! 의문의 다른 말은 삶의 변화와 개선의 가능성이다. 의문이 우리를 구원할 것이다.

질문의 종착역

●

사람은 거의 모를 때에만 알고 있다.
지식과 함께 의혹은 강해진다.

R. W. 에머슨

회사가 채용하는 이유는 일을 시키기 위해서고, 똑같아 보이는 수많은 지원자들 중에서 일을 잘할 것 같은 사람을 채용한다고 했다. 그렇다면 지원자가 입사 지원을 할 때 꼭 해야 할 말은 무엇일까? 다시 물으면, 입사 지원의 전 과정을 통틀어 지원자가 해야 할 가장 중요한 단 한마디는 무엇일까? 만약 바로 대답할 수 없다면 역시 주입식 교육의 폐해다.

주입식 교육의 폐해는 입력되지 않은 것은 출력이 되지 않는다는 것이다. 응용도 못한다. 알고 있어도 다르게 물으면 대답을 못한다. 원리를 모르고 무조건 외웠기 때문이다. 똑같은 입력 값을 넣어야 정해진 출력 값이 나온다. 컴퓨터의 영역이다. 지금 10대, 20대는 10여 년 뒤에 인공 지능과 직업을 놓고 경쟁을 해야 할 세대들인데, 의문을 갖고 질문하며 새로운 것을 만들어가는 인간만의 능력을 키우지 못한다면 인공 지능과의 경쟁에서 뒤지게 될 것이다. 입시 위주의 주입식 교육, 취업 위주의 주입식 스펙 쌓기에서 한시라도 빨리 탈출해야 한다. 그래야 지금의 많은 직업을 인공 지능이 본격적으로 대체할 것으로 보이는 2030년쯤에 직업을 가질 수 있다. 앞으로는 어쩌면 인간답게 사고하고, 인간답게 느끼고, 인간답게 살도록 노력해야 취업이 되는 세상이 될지도 모르겠다.

어쨌든 지금은 일단 취업을 해야 하니, 다시 질문한다. 입사 지원을 할 때 반드시 해야 할 가장 중요한 말은 무엇일까?

'일을 열심히 하겠습니다', '최고의 인재가 되겠습니다', '회사 발전에 도움이 되겠습니다', '필요한 사람이 되겠습니다', '능력을 인정받는 사람이 되겠습니다' 등이 떠오르는가? 첫 조부터 면접관이 하품하게 만드는 소리다. 다양성에 대해 많은 생각을 하게 만드는 영화 〈필라델피아〉에 "모든 문제에는 해결책이 있다Every problem has a solution"라는 대사가 나온다. 인도를 무대로 한 영화 〈시티 오브 조이〉는 "고난 속에 기쁨이 있다"라는 자막이 올라가며 끝난다. 절망 속에 희망이 있고 고난 속에 기쁨이 있듯이 문제 속에 답이 있다. 그렇다. 지원자가 입사 지원을 통해 해야 할 가장 중요한 단 한 가지의 말은 바로 '나는 일을 잘할 수 있다'는 말이다.

너무나 당연하다. 지원자가 입사 지원을 통해서 해야 할 가장 중요한 한 가지는 바로 지원자의 '직무 역량'을 강조하는 일이다. 입사 지원이란 자신의 직무 역량을 말하는 일, 즉 일을 잘할 수 있다는 말을 하는 과정이다. 이것이 취업 준비생이 해야 할 것의 모든 것이다. 그 이상도 이하도 없다. 정말 간단하다. 만약 그 외의 것을 강조하는 사람이 있다면 채용을 해보지 않았거나 취업 준비생을 이용해서 돈을 벌려는 사람이니 조심해야 한다.

문제는 '저는 일을 잘할 수 있습니다', '저는 직무 역량을 갖추고 있습니다'라는 막연한 말을 내용 없는 정치 구호처럼 외치기만 한다면 아무 소용이 없다는 것이다. 어떤 직무 역량을 지니고 있는지 구체적인 내용을 설득력 있게 말해야 한다. 그렇다면 성장 과정이나 학창 시절 이야기, 성격의 장단점, 취미, 특기 등은 직무와 상관없으니 회사가 물을 필요도, 지원자가 대답할 필요도 없지 않느냐고 반문하는 이가 혹시 있을지도 모르겠다. 만약 조금이라도 이 질문에 동의한다면 지금껏 이야기한 스펙 쌓기의 문제점, 회사가 채용하는 이유와 과정, 인재를 선발하는 기준과 과정에 대한 이해가 부족하거나 응용이 되지 않는 까닭이다.

나와 연결된 모든 것은 직무 역량과 연관이 있다. 성격의 단점이 직무에 영향을 미칠 수 있고, 학창 시절의 경험, 성장 과정의 특이

한 점들이 성격과 행동에 영향을 주어 직무에 영향을 미칠 수 있다. 살면서 힘들었던 기억, 가장 행복했던 기억, 동성애에 대한 생각, 식민지 근대화론에 대한 생각 등 온갖 영역을 넘나드는 질문들도 직무 역량과 상관이 있다. 일을 하려는 나에 대해 묻는 질문이고, 내가 어떤 사람인가에 따라 일을 어떻게 할 것인지 미리 헤아려볼 수 있기 때문이다. 연결 짓기 시작하면 직무 역량과 연관이 없는 것은 아무것도 없다. 그래서 면접관은 직무 역량과 연관이 있다고 판단되면 사적인 질문도 서슴지 않았다.

'여자 친구(또는 남자 친구)가 있는가? 애인의 집은 어디인가? 결혼은 언제 할 것인가? 결혼하면 아이는 낳을 것인가? 남자 친구의 직업은 무엇인가? 남편이 회사를 그만두라고 하면 어떻게 할 것인가?'

근무지가 애인이 있는 곳에서 멀리 떨어져 있으면 조기 퇴직의 우려가 있다는 이유로, 결혼할 남자 친구가 있으면 결혼 후 회사를 그만둘 우려가 있다는 이유로, 아이를 낳으면 회사를 그만두거나 육아 휴직으로 업무 연속성에 문제가 될 것이라는 이유로, 남자에게 순종적인 스타일이면 남편이 회사를 그만두라고 하면 조기 퇴직할 우려가 있다는 등의 이유로, 요즘의 상식으로 문제가 되는 질문도 서슴지 않고 해왔다. 최근에는 아무리 업무와 연관이 있더라도 사적인 영역에 대한 질문은 금기시되고 있다. 사생활을 존중하고 다양성을 중요한 가치로 여기는 사회 분위기의 영향도 있겠지만, 회사도 지원자의 직접적인 직무 역량에만 더 집중하겠다는 변화로도 볼 수 있다.

직무와 전혀 상관없는 주제를 던지고 이야기를 들어보는 경우도 있다. 토론 면접이 대표적인 경우다. 이런 질문도 역시 직무 역량을 보기 위함이다. 일을 잘하려면 의사 표현 능력, 설득력, 이해력, 문제 해결 능력, 논리력 등이 필요하다. 업무 수행 중에 필요한, 생각하고 말하는 능력도 중요한 판단 기준이다. 프레젠테이션 면접에서는 발표 내용도 중요하지만 발표자의 서 있는 모습, 행동, 버릇 등도 중요한 잣대가 된다. 몸은 삶의 과정이 차곡차곡 쌓인 결과물이어서 거짓말을 하지 않는다. 그래서 면접 때는 지원자의 말보다는 들어오고 나가는 모습, 서 있는 모습, 다른 지원자에게 질문을 할 때 앉아 있는 모습, 행동, 표정 등이 중요한 판단의 기준이다.

몸을 보면 업무 수행에 필요한 건강 상태, 성격, 기질, 습관 등을 알 수 있다. 자기소개서의 글을 통해서는 문서 작성에 필요한 능력을 알 수 있다. 오탈자 등의 작은 실수도 역시 업무 능력과 연관 짓는다. 일하는 데 가장 기본이 되는 조건은 건강이니 신체검사도 직무 역량을 보는 과정이다.

이처럼 회사의 모든 채용 과정은 직무 역량 하나를 보기 위함이다. 그러므로 지원자도 직무 역량 하나만 생각하면 된다. 자기소개서를 작성할 때 특정 내용의 기입이 고민된다면 그것이 직무 역량과 연관되는가를 기준으로 결정하면 된다. 직무 역량의 스펙트럼은 무척 넓다. 회사는 일정한 '스펙'을 채용하는 것이 아니라 일할 '사람'을 채용하기 때문에, 그 사람의 스펙이 아니라 그가 어떤 사람인가를 통해 직무 역량을 파악한다. 직무 역량은 회사의 질문, 지원자의 대답이 서로 만나는 종착역이다.

입사 지원이란

●

자신을 발견하는 사람은 비참함에서 벗어난다는 것을 알라.

M. 아널드

회사에 입사 지원을 하려면 자기소개서를 쓰고, 면접 때 자기소개를 하고, 질문에 대답을 하는 과정이 필요하다. 여기서 핵심은 딱 한 가지다. 바로 '나와 대상을 연결 짓는 일'이다. 지원자가 나고, 대상은 회사와 직무다. 풀어서 말하면 이렇다.

1. 저는 이런 사람입니다.
2. 저는 이런 이유로 이 회사에서 일을 하고 싶습니다.
3. 저에게는 이런 직무 역량이 있습니다.
4. 저는 일을 이렇게 할 것입니다.
5. 저는 이 일을 통해 이런 가치를 실현하고 싶습니다.
    (실제로 자기소개서를 쓸 때는 '저는, 나는' 등의 1인칭 주어는 되도록 생략하는 것이 좋다. 군더더기이기 때문이다.)

1번은 자기소개다. 2번은 지원 동기다. 3번은 직무 역량, 4번과 5번은 입사 후 포부다. 4번은 단기 포부, 5번은 중장기 포부다. 입사 후 포부를 적으라고 하면 '공부를 더 하고 싶다', '나중에 사업을 하고 싶다', '자기 계발을 하고 싶다' 등 4차원의 의식 세계를 보이는 지원자들이 간혹 있다. 분명히 알아두어야 한다. 입사 후 포부, 5년 뒤, 10년 뒤 모습 등은 모두 회사에서 직무 성과를 얼마나 보이겠는가를 묻는 질문이다.

면접이든 자기소개서든 1, 2, 3, 4, 5번만 적절히 배분해서 말하면 된다. 1번은 나에 대해서 말한다. 2, 3, 4, 5번은 나와 대상을 연결 짓는 일이다. 나와 직무(일), 나와 회사를 연결 짓는 일이라는 말이다.

수많은 학생들이 자기소개서를 어떻게 작성하고 면접 때 자기소개를 어떻게 하는지, 질문에 대한 대답을 어떻게 해야 하는지 모르겠다고 힘들어 한다. 매우 힘들어서 다들 베끼기를 하는데, 사실은 참 쉽고 단순하다. 좀 더 간결하게 바꿔보겠다.

1. 저는 이런 사람입니다.

2. 이런 이유로 지원했습니다.

3. 입사한다면 이렇게 일하고 싶습니다.

훨씬 간단해 보인다. 이렇게 간단한 일이 어렵게 느껴지는 이유는 무엇일까? 치명적인 한 가지를 빠뜨렸기 때문이다.

입사 지원을 한다는 것은 나와 대상을 연결 짓는 일이라고 했다. 그런데 모두가 대상(회사, 직무, 환경)에 대해서는 관심을 갖는데 정작 중요한 '나'에 대해서는 관심이 없다. 나에 대해서 나 자신이 모르는데 어떻게 남에게 나에 대해서 말할 수 있으며, 나와 대상을 연결 지을 수 있겠는가? 입사 지원을 하려면 1번부터 말해야 하는데(저는 이런 사람입니다) 첫 단추부터 지원자 스스로가 제대로 끼울 수 없으니 시작부터 막혀버린다. 제대로 된 취업 준비를 하려면 제일 먼저 '나는 어떤 사람'인지 파고들어야 한다.

취업 준비생이 흔히 범하는 오류를 정리하면 이렇다.

- 자신이 어떤 사람인지 모르면서 어떤 사람이라고 말해야 하는 오류
- 자신이 어떤 사람인지를 생각하지 않고 어떤 사람이라고 말해야 하는지 고민하는 오류
- 스펙 쌓기를 하느라 자신이 어떤 사람인지 알 수 있는 경험을 하지 못하는 오류
- 스펙 쌓기를 하느라 자신이 어떤 사람인지 생각해볼 시간을 갖지 못하는 오류
- 경험마저도 스펙의 일환으로 생각해서 다른 좋은 경험을 할 기회를 놓치는 오류
- 무엇이 문제인지 알면서도 어쩔 수 없다고 생각해서 오류를 더욱

심각하게 만드는 오류

• 오류에 빠져 사는 다른 사람들을 보면서 자신도 도리가 없다고
  생각하는 오류

입시 위주의 교육을 받는 동안 우리는 자신도 모르는 사이에 '무
엇을 말하고 싶은가?'가 아니라 '무엇을 말해야 하는가'에 익숙해져
버렸다. 주어진 시간에 잘 프로그래밍 된 모범 답안을 제출해야 한
다는 강박 때문에 '말하고 싶은' 자의 존재성은 사라지고 없다. 오로
지 상대방이 원하는 말이 무엇일까만 골똘히 생각한다. 말하는 자의
의지와 생각과 감정이 들어설 자리가 없다. 그런데 문제는, 회사는
그런 말을 듣고 싶어 하지 않는다는 사실이다.

첫 단추를 잘못 끼우면 옷을 제대로 입을 수 없다. 모든 입사 지
원은 나에 대해 말하는 것(자기소개)에서 시작된다. 자기소개는 면접
의 첫 단추요, 취업의 설계도다. 자기소개를 하지 않고 바로 면접이
진행되는 경우도 마찬가지다. 자기소개를 하든 안 하든 면접을 보는
지원자의 머릿속에는 자신이 어떤 지원자인지, 왜 면접장에 앉아 있
는지, 무엇을 말할 것인지 정리되어 있어야 한다.

면접은 청문회가 아니다. 면접관의 질문에 방어적으로 대답하면
서 시간이 빨리 지나가기를 바라며 위기를 모면하는 자리가 아니다.
면접은 짧은 시간 동안 자신이 어떤 사람이며 왜 이 자리에 앉아 있

는지를, 말과 태도와 자연스럽게 드러나는 느낌과 분위기를 통해서 적극적으로 보여주어야 하는 자리다.

면접은 수년간 갈고 닦아온 연주 실력을 집약해서 보여주는 피아노 독주회다. 오랫동안 뼈를 깎는 힘든 훈련으로 갈고닦은 실력을 주어진 시간에 발휘해야 하는 올림픽 경기다. 면접은 사랑하는 사람의 부모님께 처음으로 인사를 드리는 자리다. 자신이 어떤 사람이며 결혼을 해서 앞으로 어떻게 살아갈 것인지에 대한 의지를 밝히는 자리다.

수년 동안 피아노를 전공한 연주자가 연주회 일주일 전에 갑자기 기타로 바꾸어, 기타야말로 자신의 운명의 악기라고 말하며 무대에서 어설픈 연주를 한다면 그 결과가 어떨까? 어릴 때부터 올림픽 금메달을 따기 위해 평생 피겨 스케이팅이라는 한 길만을 달려온 선수가, 올림픽 경기 한 달을 앞두고 사실 정말 하고 싶었던 종목은 스키점프였다며 갑자기 종목을 바꾸어 출전하면 그 결과는 어떨까? 사랑하는 사람의 부모님께 인사를 드리러 간 청년이 부모님의 이런저런 물음에 '저는 어떻게 살아야 할지 잘 모르겠습니다', '왜 결혼을 해야 하는지 잘 모르겠습니다', '결혼을 해서 어떻게 살아야 행복한 건지 잘 모르겠습니다'라는 대답을 한다면 어떻게 될까?

현실에서는 이런 일이 거의 일어나지 않는다. 한마디로 말이 되지 않기 때문이다. 그런데 이런 말도 되지 않는 일이 바로 지금 이 순간에도 수많은 기업의 면접실에서 거의 일상적으로 일어나고 있다.

면접관으로서 수천 명의 지원자를 만났고, 퇴직 후 수십 곳의 대학에서 수많은 모의 면접 경험을 했다. 그 헤아릴 수 없이 많은 지원자 중에서 자신이 어떤 사람인지 울림 있게 말한 지원자는 거의 없었다. 아니, 기억나는 사람조차 단 한 명이다. 나는 물론 같이 면접을 보는 다른 면접관까지도 감동시켜 전설이 되어버린 학생이다.

진짜 자기소개-H양

생산직 사원을 뽑을 때의 일이다. 경북 지역의 P고교는 취업을 희망하는 우수 학생이 300명 가까이 되는 전국에서 손꼽히는 학교였다. 그래서 해마다 S사와 L사는 경쟁사보다 먼저 우수한 학생들을 채용하기 위해서 신경을 곤두세우곤 했다. 2001년에는 면접을 보기 위해 세 개 조, 총 아홉 명의 면접관이 학교로 내려갔다. 면접 대상자가 180명이나 되었기 때문이다.

아침부터 잠시도 쉬지 않고 면접을 보았다. 오후 7시쯤 면접이 끝났고, 최종 심사를 통해 합격자를 가리는 '면접 사정'이 진행될 때 이미 밖은 어두웠다. 최종 합격자를 가리는 작업이 바빠지고 있을 무렵 노크 소리가 들렸다.

문 밖에는 한 여학생이 서 있었다. 면접을 보았던 학생은 아니었다. 여학생은 선 채로 이렇게 말했다.

"이렇게 불쑥 찾아와서 정말 죄송합니다. 꼭 드리고 싶은 말씀이 있습니다. 저에게 3분만 시간을 주셨으면 좋겠습니다."

무척 바빴지만 내칠 수가 없었다. 무슨 일인지 궁금하기도 했다. 공손히 인사한 여학생은 앉은 뒤 준비했던 말을 시작했다.

"○○과에 재학 중인 H라고 합니다. 제가 초등학교 3학년 때 교통 사고로 부모님이 모두 돌아가셨습니다. 그리고 저는 어린 두 동생을 돌봐야 하는, 말로만 듣던 소녀 가장이 되었습니다. 그때부터 폐지 와 빈 병을 모으며 생계를 유지하기 위해 살아왔습니다. 이웃 분들 이 쌀을 가져다주며 많은 도움을 주셨지만 경제적인 어려움으로 5학 년 때부터 분식집에서 아르바이트를 하기 시작했고, 지금까지 일을 하면서 공부를 해왔습니다. 저는 L사에 꼭 입사해야 합니다. 동생들 을 보살피기 위해서 돈이 절실히 필요하기 때문입니다. L사는 제가 생각할 수 있는 회사 중에서 월급이 가장 많은 회사이기 때문에 저 는 꼭 L사에서 일하고 싶습니다. 하지만 저는 면접을 볼 수 없었습니 다. 학교에서 성적순으로 면접 대상자들을 선별했는데, 성적이 조금 모자랐습니다. 좋은 회사에 가기 위해서 밤잠을 설치며 공부를 했지 만 방과 후에 일을 하고, 동생들을 돌보며 공부해야 했기 때문에 면 접을 볼 만큼 성적을 갖추지 못했습니다. 면접을 볼 수 없다는 사실 을 알고 며칠을 울었습니다. 어제 밤새 현재의 상황과 저의 인생에 대해서 생각해보았습니다. 이런 방법을 통해서라도 저 같은 사람이 있다는 사실을 면접관님께 말씀드려야겠다고 결심했습니다. 어쩔 수 없는 상황이지만 이렇게 용기를 내어 면접실의 문을 두드리지 않으 면 평생 후회할 것 같았습니다. 그래서 용기를 냈습니다. 이제 저는 후회하지 않습니다. 지금껏 살아오면서 제 인생에서 가장 중요한 시간을 가졌기 때문입니다. 저에게 말할 기회를 주셔서 정말 감사드립니다. 끝까지 들어주셔서 정말 감사합니다."

기억을 되살려 적은 이 짧은 글에 그날의 분위기를 다 담을 수는 없다. 그날 그 학생이 말을 하는 동안 면접실은 숙연해졌다. 감동이 밀려왔다. 어리지만 어려운 환경 속에서도 용기를 잃지 않고 꿋꿋하게 살아온 한 사람의 삶을 만났기 때문이다. 번지르르한 말과 표정으로 포장된 지원자들만 접해온 면접관들이 가슴에서 우러나는 '진짜 자기소개'를 들었으니 당연한 일이었다.

나는 학생에게 물었다.

"끝났습니까?"

학생은 후회 없다는 표정으로 짧게 "예"라고 대답했다. 누구보다도 예의를 갖춘 모습으로 학생이 면접실을 나간 후, 잠시 정적이 감돌았다. 나는 바로 옆에 앉아 있던 면접관에게 조용히 물어보았다.

"어떻습니까?"

그는 고개를 끄덕이며 "좋다"고 대답했다. 나머지 한 명의 면접관에게도 물어보았다. 현장을 누구보다도 잘 알고 있는 제조 라인의 총책임자인 그 면접관은 흥분된 목소리로 말했다.

"우리가 원하는 인재가 바로 저런 학생입니다. 두말할 것도 없습니다. 바로 채용합시다. 그리고 우리 부서로 배치해주세요. 제가 책임지고 키워보겠습니다."

H양의 이야기를 들으며 면접관 모두 흔들림 없는 확신이 생겼다. 지원 동기가 누구보다도 뚜렷하고, 어려운 상황을 헤쳐 나갈 수 있는 용기와 도전 정신을 갖추었으며, 누구보다도 힘든 경험을 통해 끈기와 성실성까지 몸에 익힌 인재였다. 예의 바른 태도까지 더하여 그야말로 완벽한 인재였다.

무엇보다도 그 모든 것이 머리로 생각해서 만들어진 것이 아니라 있는 그대로의 모습을 통해 보여주고 있었다. H양은 계산적인 머리가 아닌 뜨거운 가슴으로 자기소개를 했다. 그러니 면접관이 감동받지 않을 수 없었다. 자기소개는 입이나 머리로 하는 것이 아니다. 가슴으로 하는 것이다.

하지만 문제가 생겼다. 그 학생 이야기를 취업 담당 선생님께 말했다. 선생님도 H양을 매우 잘 알고 있었다. 어렵게 생활하지만 항상 밝고 친구들에게 인기도 좋은, 학교에서 유명한 훌륭한 학생이라고 했다. 하지만 H양을 합격시켜서 입사시키는 일은 불가능하다고 했다. 면접 대상자를 선정하는 과정에서 학교 나름대로의 기준과 원칙이 있는데, 학사 운영의 원칙이 허물어지기 때문이었다. 맞는 말이었다. 이런 일이 알려지면 앞으로 면접 대상자도 아닌데 면접실의 문을 열고 들어오는 일이 생길 수도 있고, 그렇게 되면 공정하고 객관적인 학사 업무를 할 수 없었다.

우리는 그래도 선생님께 억지를 부렸다. 어떻게 해서든 방법을 찾아 꼭 H양을 입사시킬 수 있도록 도와달라고 그야말로 애원했다.

지금까지 그토록 매력적인 지원자를 만나보지 못한 탓이었다. 며칠 후 학교에서 전화가 왔다. 학교 내부적으로 방법을 마련했으니 H양을 데려가도 좋다는 말이었다. 얼마 뒤 H양은 입사했고, 1년 뒤에는 우수 사원 표창을 받았다. 몇 년 후 문득 H양의 근황이 궁금해서 알아보니, 여전히 당당하고 쾌활한 모습으로 능력을 인정받으며 최고의 사원으로 즐겁게 일하고 있었다.

이력서와 자기소개서

●

스파르타인은 적의 수효가 아니라 위치를 알려고 한다.

아기스 2세

좋아하는 사람과 시간을 함께 보내면서 행복함을 느낄 때를 생각해보자. 그런 경험이 없다면 상상을 하면 더 좋다. 현실보다는 상상이 더 달콤한 법이니까. 연인을 통해 행복함을 느끼는 이유는 무엇일까? 내 속에 결핍된 무엇인가를 상대방이 채워주기 때문은 아닐까? 그래서 부족한 반쪽이 서로 만나서 온전한 하나가 되는 것이 결혼이라고 말하는 건 아닐까? 이력서와 자기소개서의 관계도 그렇다. 서로 부족한 부분을 채워주는 관계다.

예를 들어보자. 스펙이 아주 우수한 지원자가 있다. 객관적 정보가 들어가는 이력서에 학점, 어학, 자격증, 공모전, 직무 관련 경험까지 훌륭한 스펙이 꽉 차 있다. 학점이 4.3을 넘고 토익 점수가 950이 넘는 지원자는 성실하고 끈기가 있으며 자기 관리를 잘하고 책임감도 있다고 여겨지는 경향이 있다. 이력서에 기재된 객관적 정보만 보고도 성실하다는 느낌이 드는데, 자기소개서까지 '저는 근면합니다. 성실합니다. 항상 최선을 다하자는 것이 저의 좌우명입니다' 등 성실함을 강조하는 말을 한다면, 이 지원자는 균형이 깨져버린 글을 작성하는 셈이 된다.

일반적으로 스펙이 뛰어나면 대인 관계 능력이나 다양한 경험이 부족하다고 생각한다. 면접 때 인성과 대인 관계에 관해 공격적인 질문을 받게 될 가능성이 매우 높다. 자기소개서에는 이력서의 부족한 부분, 이력서의 내용으로 인해 오해 받기 쉬운 부분을 보완해야 한다. 스펙이 높다면 아르바이트, 동아리, 취미 활동과 같은 다양한 경험과 의견이 다른 사람을 대하는 태도 등과 같이 대인 관계 능력을 강조하여, 사회생활을 하는 데 균형을 갖춘 인재라는 것을 보여 줘야 한다.

반대로 학점이 형편없이 낮은데도 자기소개서에서 '근면하며 최선을 다하고 책임감과 인내심이 있으며……' 등의 말을 하는 귀여운 지원자들도 많다. 이력서의 스펙을 보면 성실하지 않고, 인내심도 없고, 책임감도 없어 보이는데 거짓말을 하고 있는 것이다. 정말 성실한데 피치 못할 사정이 있어서 학점이 형편없을 것이라고 이해해

이력서의 스펙을 보면 성실하지 않고,
인내심도 없고, 책임감도 없어 보이는데 성실하다고
강조하는 지원자가 있다. 정말 성실한데 피치 못할 사정이 있어서
학점이 형편없을 것이라고 이해해주는 마음씨 좋은
인사 담당자나 면접관은 없다.

주는 마음씨 좋은 인사 담당자나 면접관은 없다. 스펙이 보잘것없어서 아무리 좋은 말로 치장을 해도 인정받을 가능성이 없는 경우에는 차라리 정공법으로 정면 돌파를 하는 편이 훨씬 효과적이다. 억지로 앞뒤가 맞지 않는 말을 하지 말고, 스펙이 낮은 대신 내가 내세울 수 있는 것이 무엇인지 잘 생각해서 강조해야 한다.

스펙이 높으면 서류 전형을 통과해서 면접을 볼 확률이 높다. 하지만 면접은 인성 위주로 보기 때문에 균형 있게 준비하지 않으면 낭패를 보기 쉽다. 삶에 조화와 균형이 필요하듯이 회사도 조화와 균형을 추구하며, 그러한 인재를 찾는다.

삶의 조화와 균형을 찾는 과정이 자기 분석이다. 내가 어떤 사람인지, 어떤 삶을 살아갈 것인지를 생각하는 과정이 전제되지 않으면 나를 소개할 수 없다. 하지만 진짜 중요한 것은 따로 있다. 어떻게 쓸 것인가는 중요하지 않다. 진짜로 그런 사람이 되는 것이 중요하다. 그렇게 살지 않으면서 가짜로 번지르르한 글과 말만 한다면 그건 자기소개서가 아니라 소설이다.

면접에서 떨어진 이유를 궁금해 하는 사람이 정말 많다. 분명히 말하는데 대개가 가짜 모습을 보여주려고 애쓰다가 들통이 나기 때문이다. 사람은 가짜로 살면 불행해진다. 삶을 통한 진실한 성찰적 태도 없이 자기소개서 클리닉 등으로 포장만 하면, 보여주는 모습과 진짜 자기 모습의 간극이 점점 커져서 나중에는 감당할 수 없게 된다.

부족한 스펙에 실망하지 말고 진실하고 당당해져라. 학력으로 대표되는 스펙이 직무 역량과 결정적인 상관관계가 있다면, 학력이 높고 성적이 좋을수록 일을 잘한다면, 한국은 전 세계에서 가장 훌륭한 나라여야 한다. 전 세계에서 가장 공부를 잘하며, 사법고시와 행정고시에 합격한 사람들이 온통 관료로 포진한 나라이기 때문이다. 하지만 현실은 어떤가? 일을 잘하는 것과 스펙은 상관관계가 없다는 것을 한국의 사회 현실이 매우 잘 말해주고 있다. 그러니 스펙에 주눅 들지 말고 자신만의 가치를 발견하고 당당해져라.

20년 이상 살았는데 자기 자신에 대해서 할 말이 없다면 그는 자신에 대한 성찰이 없거나 도인이거나 둘 중 하나다. 그동안 경험한 숱한 이야기들 중에 자기소개에 넣을 것을 선택하고, 회사가 듣고 싶어 하는 내용을 추리면 된다. 이 과정에서 생각해야 할 것이 바로 직무다. 직무는 숟가락, 젓가락처럼 요리를 먹는 사람과 요리를 연결 짓는 도구다.

아무래도 공깃밥을 추가하는 것이 좋겠다고 판단돼도 슈퍼마켓에 뛰어가서 포장된 햇반을 사는 것은 하지 말라. 시간과 정성이 있다면 직접 모내기를 하고 추수를 해서 밥을 지어보는 것이 좋다. 하지만 사정상 힘들다면 최소한 농부가 벼농사를 어떻게 짓고, 쌀이 어떤 유통 과정을 거쳐서 소비자들에게 오는지 알고 난 뒤 좋은 쌀을 선별해서 사고, 밥은 직접 지어라. 그래야 나중에 면접관이 공깃밥에 대해 설명해보라고 했을 때 이야기를 할 수 있다.

슈퍼마켓에서 돈을 주고 덜렁 사온 햇반으로는 '이것은 얼마입니다. 이것은 공깃밥입니다. 맛있습니다. 먹어보십시오'라는 말밖에 하지 못한다('저는 성실함과 열정이 있고 스펙이 이렇습니다. 일을 잘할 수 있습니다. 채용해주십시오'라는 말밖에 하지 못하는 지원자). 벼농사를 지어봤거나 최소한 자기 손으로 밥을 해본 사람의 말은 다르다. 쌀의 종류에는 어떤 것이 있고, 농사의 어려움은 무엇이며, 유통 과정에 어떤 문제가 있고, 어떻게 밥을 해야 하며, 언제 먹어야 가장 맛있고, 밥을 먹을 때 감사해야 하는 이유가 무엇인지 말할 수 있다(지원 동기와 포부에 대해 삶의 경험이 녹아난 가치를 통해 구체적으로 이야기하는 지원자). 누구의 말이 마음을 움직일까?

자신만의 특별하고 고유한 경험이 없다면 동아리 활동이나 아르바이트, 여행, 등산, 독서, 운동 등 누구나 하는 일상의 경험 속에서 그것에 대한 나만의 생각을 정리해두어야 한다. 경험의 기간은 길어도 좋고 짧아도 좋다. 다른 사람들이 중요하게 생각하는 것도 좋고 하찮게 여기는 것도 좋다. 아르바이트를 한 달도 채우지 못하고 그만두었거나, 어학연수나 배낭여행을 가서 곧바로 돌아왔거나, 지리산 종주를 계획하고 반나절 만에 포기했어도 좋다. 자신만의 경험을 통해서 무엇을 깨닫고 배웠는지 철저하게 되돌아보고 치열하게 그 안에 놓인 가치와 의미를 발견하라. 모든 경험을 돌이켜 미처 몰랐던 의미를 발견하다 보면 스스로 놀라게 될 것이다. 자기 경험의 의미와 가치를 발견해 나가는 일은 취업 준비뿐 아니라 삶을 살아가는 일의 첫 단추다. 스펙이 좋든 나쁘든 모든 지원자가 명심해야 할 진리다.

문제는 가치다

●

인간의 가치는 그 사람이 가지고 있는 진리로 잴 수 없다.

그 사람이 진리를 발견하기까지 겪은 곤란으로 재어지는 것이다.

G. E. 레싱

매년 수만 장의 자기소개서를 접하다 보니 지원자들이 자기소개서를 어떻게 작성하는지 저절로 알게 되었다. 일단 선배나 친구들, 여러 가지 경로를 통해서 '족보'를 최대한 많이 확보한다. 어떤 친구는 열 개 이상의 파일을 확보해서 편집, 수정을 한다. 성실하고 꼼꼼한 지원자는 새벽까지 짜깁기를 한다. 학교를 바꾸고, 전공을 바꾸고, 가족 관계를 바꾸고 회사명을 바꾼다. 편집하고 수정할 때는 정신을 바짝 차려야 한다. 다른 지원자의 이름이 이력서에 당당하게 기재된 경우도 몇 번 보았다. 회사 이름이 바뀐 경우는 애교 수준이다. 성격의 장단점과 입사 후 포부도 조금 손을 본다. 모두 다 좋은 말로 가득 채운다. 깊은 밤, 새벽이 되어 작성이 끝나면 완성된 자기소개서를 마지막으로 읽으며 감동의 눈물을 흘린다. 어찌나 좋은 말로 이루어졌는지, 성격의 장단점조차도 '꼼꼼해서, 세심해서' 등과 같이 어찌 보면 단점이고 어찌 보면 장점인 말들뿐이다. 완벽하다. 바쁜 인사 담당자가 한눈에 내용을 파악할 수 있도록 각 단락마다 서브타이틀을 멋지게 다는 마지막 서비스까지 잊지 않는다. 식상하고 구태의연

모두가 비슷한 내용을 참고해서 수정하고 작성하니,

99퍼센트의 자기소개서가 다 거기서 거기다.

이런 자기소개서를 읽어야 하는 인사 담당자의 심정은 어떨까?

상세히 읽어보고 싶을까? 죽 훑으면 내용 파악이 끝난다.

제목만 '자기소개서'이지 사실은 '자기 소설' 또는 '남의 소개서'다.

나를 소개하려면 나에 대해서 생각을 하면 될 일인데

왜 자꾸 바깥에서 나를 찾는가?

한 'Impossible'이 아니라 'I'm possible' 같은 서브타이틀 말이다.

이것이 99퍼센트의 지원자가 자기소개서를 쓰는 방법이다. 모두가 비슷한 내용을 참고해서 수정하고 작성하니, 99퍼센트의 자기소개서가 다 거기서 거기다. 이런 자기소개서를 읽어야 하는 인사 담당자의 심정은 어떨까? 상세히 읽어보고 싶을까? 죽 훑으면 내용 파악이 끝난다. 제목만 '자기소개서'이지 사실은 '자기 소설' 또는 '남의 소개서'다. 나를 소개하려면 나에 대해서 생각을 하면 될 일인데 왜 자꾸 바깥에서 나를 찾는가? 형식 정도는 참고할 수 있다. 문제는 참고가 아니라 베낀다는 것이다.

지원자가 남의 소개서를 베끼는 이유는 그럴 수밖에 없기 때문이다. 자기소개서를 쓰려고 앉았는데 한 줄도 시작할 수 없다. 자기소개의 말을 스스로 한 줄도 쓸 수 없는 지원자와, 질문의 기회가 주어졌는데 한마디도 못하는 한국 기자들은 공동의 운명이다. 비극이다. 하지만 괜찮다. 인생을 비극이라고 생각할 때 우리는 비로소 삶을 시작할 수 있다고 했으니까.

어떻게 하면 제대로 된 자기소개서를 쓸 수 있을까? 아주 쉽다. 자신에 대해서 잘 알고 있으면 된다. 나에 대해 잘 알아야 누군가에게 나를 소개할 수 있다. 나에 대해 안다는 것은 나의 가치를 안다는 말이다. 나의 가치를 알려면 세상의 여러 가지에 대한 이해가 전제되어야 한다. 쉽게 말하면 배움이다. 배움이란 주입식으로 지식과 정보를 머리에 집어넣는 과정이 아니라 세상의 온갖 다양한 가치를 접해보는 과정이다. 그중에서 끌리는 가치에 더 관심을 갖고 집중하다 보면 진로가 되고, 인생과 세상과 연결되어 체계화되면 인생관과 세계관 등 자신만의 가치가 형성된다.

기억하라. 문제는 가치다. 가치라는 말이 어려우면 의미라는 단어로 바꿔도 된다. 가치는 삶의 의미를 뜻하기도 한다. 회사는 지원자가 어떤 사람인지 알기 위해서 가치관을 살핀다. 가치관을 알아야 어떤 사람인지 알 수 있다. 자기소개서는 일차적으로 지원자의 가치관을 보여주는 서류다.

가치관은 가치를 부여하는 것에서 시작된다. 일상의 사소한 경험이라도 그것에 담긴 가치와 의미를 끊임없이 찾고 되돌아보는 습관을 가져야 한다. 그런 일상의 관심들이 쌓이면 자신의 삶을 이끄는 가치관이 된다. 체험을 통해 얻은 가치관이 분명하고 건강하면 개성 있고 설득력 있는 자기소개서를 쓸 수 있다. 우리는 그런 자기소개서를 매력적인 자기소개서라고 부른다.

사람은 누구나 가치 있는 삶을 살고 싶어 한다. 가치 있는 삶을 살아야 행복하기 때문이다. 이것은 인간의 본능이다. 그런데 삶의 가치는 누가 부여해줄까? 부모님? 친구? 선생님이나 교수님? 가족이나 친척이나 애인? 모든 사람이 부러워할 정도의 돈과 명예를 가졌는데 삶의 가치를 찾지 못해서 목숨을 끊는 사람들도 있다. 가치 부여는 아무도 대신해주지 못한다. 스스로 해야 한다. 다른 사람이 아무리 우습게 여기더라도 일상의 작은 경험에 가치를 부여하라. 모든 경험은 나름대로의 의미가 있다. 이 세상에 의미 없이 존재하는 것은 없다.

자기소개서를 앞에 두고 무엇을 적어야 할지 고민이 된다면 나의 삶에 문제가 있다는 신호다. 내 삶의 가치를 찾으라는 신호다. 내 삶의 가치를 알아야 입사 지원 동기를 말할 수 있다. 삶의 가치와 연관되지 않은 지원 동기는 모두 거짓말이다. 내 삶의 가치를 알아야 입사 후 포부를 말할 수 있다. 삶의 가치와 연관되지 않은 입사 후 포부는 모두 거짓말이다. 면접관은 지원 동기와 입사 후 포부에 관심이 있다. 면접에서 최소한 둘 중 하나는 꼭 말해야 한다(한 가지만 말해야 한다면 입사 후 포부를 말해야 한다).

내가 세상을 살아가는 이유를 모르는 지원자는 회사에 지원한 이유를 제대로 말할 수 없다. 많은 지원자가 지원 동기를 찾지 못해 고민하고 남이 쓴 자기소개서를 참고한다. 내가 삶을 살아가는 이유를, 내가 회사에 지원하는 이유를 남에게 묻는 바보 같은 태도다. 틀에 박힌 근사한 말을 억지로 준비해서 ARS처럼 말하니까 로봇처럼 보인다. 그러나 세상을 살아가는 이유를 알고 있는 지원자는 지원 동기를 울림 있게 말할 수 있다. 취업은 삶의 한 부분이기 때문이다.

회사 생활은 군대 생활처럼 자신의 삶과 전혀 다른 외계인의 생활이 아니다. 인생의 터널이라고 말하는 군대 생활조차도 인생의 한 부분이다. 어쩔 수 없이 시간을 보내지만, 군대 생활의 가치와 의미를 끊임없이 되물으며 군대 시절을 보낸 사람은 제대해서도 잘 산다.

지원 동기는 삶의 동기, 세상을 살아가는 이유다. 삶의 이유가 없는 지원자는 회사에 지원하는 동기를 말할 수 없다. 나만의 지원 동기를 말하고 싶거든 내가 세상을 살아가는 이유에 대해서 스스로에게 되물어라.

입사 후 포부도 마찬가지다. 내 삶을 통해서 내가 진정으로 이루고 싶은 꿈, 어떤 삶이 진정한 행복을 위한 삶인지 깊고 오래 생각해보지 않은 지원자는 입사 후 포부를 말할 수 없다. 입사 후 포부는 지원자의 삶의 꿈, 이루고 싶은 목표다. 그것을 직무와 연관 지으면 된다. 왜 사는지, 이루고 싶은 꿈은 무엇인지를 생각해야 한다. 꿈이라는 말이 막연하면 '가치'라는 말로 대신해도 된다. 내 삶의 가치, 그 가치를 어떻게 이루고 싶은지가 바로 삶의 포부이며, 이것이 바로 입사 후 포부의 전제가 된다.

외적 가치 VS 내적 가치

●

인간의 가치는 피부에 있는 것이 아니므로
남의 피부를 대어본다고 그 가치를 아는 것은 아니다.

H. D. 소로

삶에서 나만이 추구하고 싶은 가치를 찾아 구체화시켜놓지 않으면 자기소개는커녕 면접에서 제대로 된 답을 할 수 없다. 한마디만 해도 다 들통난다. 면접관은 하나를 보고 열을 판단하는 사람이다. 아마 그는 사람을 사귀더라도 제대로 사귈 수 없고, 아이를 낳아도 잘 기를 수 없을 것이다. 스스로가 어떻게 살아야 하는지 잘 모르기 때문이다. 모르니까 자녀에게 일단 공부를 열심히 해서 좋은 대학에 가라는 말밖에 하지 못한다. 잘 모르니까 일단 돈부터 벌고 보자고 생각한다. 자신을 모르는 무지에서 시작된 비극이다.

이 나라의 대학과 기성세대도 어떻게 살아야 하는지, 삶에서 추구해야 할 가치가 무엇인지, 어떻게 살아야 참으로 행복하게 사는 것인지 잘 모른다. 잘 모르니까 외적 가치에 집중하게 된다. 사실은 자기들도 모르는데 뭔가 근사한 말을 해야 하니까 젊은이들에게 맹목적으로 열심히 살라고, 스펙을 쌓으라고, 경쟁에서 이기라고 말도 안 되는 무책임한 소리를 한다. 세상은 이렇게 뒤뚱뒤뚱 돌아간다. 흔들리는 사회의 가장 큰 피해자는 젊은 세대다.

기성세대가 젊은이들에게 특정한 삶의 방식을 강요하는 것은 그들도 모르고 있거나 그렇게 해서 이익을 얻기 때문이다. 기성세대가 이런 주제를 가지고 끝장 토론을 할 수 없는 이유는, 그들도 전혀 모르고 아무 생각 없이 살아가고 있다는 사실을 들킬까 봐 두려워하기 때문이다.

남의 일에 참견은 잘하지만, 문제 제기를 하면 외면하거나 화를 내는 것이 외적 가치에 치중하는 사람들의 공통점이다. 내적 가치가 없는, 별로 잘난 것도 없는 인간과 조직일수록 마치 대단한 것을 숨기고 있는 것처럼 쉬쉬하며 겉모습을 치장하고 형식을 내세우는 법이다.

이런 현상을 당신이 인정하든, 인정하지 않든 그것은 중요하지 않다. 중요한 것은 면접관은 그냥 넘어가지 않는다는 사실이다. 면접관은 지원자의 내적 가치에 관심을 둔다. 마음속에 품고 있는 것이 무엇인지, 무엇으로 세상을 살아가는지 집요하게 파고든다. 그것이 면접관의 운명, 면접관의 직업적 소명이다.

외적 가치와 내적 가치는 차와 사람의 관계다. 좋은 차를 운전하면 차가 멋진 것이지 사람이 멋진 것은 아니다. 어떤 사람은 그 사람이 가진 소유물로 그를 판단하지만, 면접관은 적어도 면접을 볼 때만큼은 소유물로 지원자를 판단하지 않는다. 스펙이 좋다는 것은 지원자가 좋은 차를 가지고 있다는 조건을 알려줄 뿐이다.

면접관은 지원자의 소유물인 스펙만으로 그를 판단하지 않는다. 스펙은 참고 자료일 뿐 오로지 '어떤 내적 가치를 지닌 사람인가?'를 중요하게 살핀다. 가치관이 멋지면 멋진 지원자고, 가치관이 좋으면 좋은 지원자다. 취업 준비생은 외적 가치보다는 내적 가치를 기르도록 힘써야 한다.

내면의 가치는 돈과 같은 물질적 가치와는 달리 마음만 먹으면 누구나 얼마든지 키울 수 있다. 억지로가 아니라 진정으로 깨달은 뒤에 마음을 먹으면 누구든 빛나는 삶의 가치를 얻을 수 있다. 깨닫는

면접관은 지원자의 소유물인 스펙만으로 그를 판단하지 않는다.
스펙은 참고 자료일 뿐 오로지
'어떤 내적 가치를 지닌 사람인가?'를 중요하게 살핀다.
가치관이 멋지면 멋진 지원자고, 가치관이 좋으면 좋은 지원자다.
취업 준비생은 외적 가치보다는 내적 가치를 기르도록 힘써야 한다.

과정이 바로 삶의 과정, 경험의 과정, 경험을 대하는 태도다. 경험하고, 경험을 대하는 태도를 통해 깨닫게 되고, 깨닫다 보니 가치를 찾게 되고, 가치를 키우기 위해 마음을 먹게 된다. 마음을 먹으면 행동이 바뀌고, 몸이 바뀌고, 인상이 바뀌고, 인생이 바뀐다. 그런 지원자는 보는 순간 진짜배기라는 느낌이 온다. 그런 지원자가 되어야 한다.

꿈과 내적 가치를 잘 가꾸면서 시간이 나면 스펙도 쌓으면 된다. 내적 가치는 외적 가치를 담는 그릇이다. 그릇부터 만들고 음식을 담아야지, 뜨거운 음식부터 만들고 담을 곳이 없어서 우왕좌왕하며 이웃집에 가서 남의 그릇을 급하게 빌려오지 말라는 이야기다. 딱 보면 빌린 그릇이라는 표가 난다. 그릇 안에 가치를 담는 과정이 삶이다. 진실한 내적 가치는 세월이 흐를수록 더욱 커지고 깊어지고 빛이 난다. 음식처럼 시간이 지난다고 상하지 않는다.

역설적이게도 내적 가치를 발견하고 키울 수 있는 효과적인 방법은 자기소개서 작성이다. 자기소개서 작성은 어렵다. 어려운 것이 당연하다. 그 번거롭고 어려운 시간을 치열하고 진실하게 보낸 지원자와 그렇지 않은 지원자의 결과는 하늘과 땅 차이이다.

자기소개서는 결과가 아니라 과정이 훨씬 중요하다. 힘들고 답답한 자기소개서 작성 시간을 통해서 자신의 생각과 경험, 경험에 놓인 가치들을 들여다보고 성찰하는 시간들, 그것을 회사의 구체적인 질문들과 함께 고민하는 시간은 면접 대비를 위해 가장 좋다. 내적 가치를 발견하고 키워나가는 시간이기 때문이다.

모 지자체에서는 국민의 세금으로 자기소개서를 인공지능으로 자동완성해주는 어플을 만들었다. 자기소개서 작성의 기본적인 의미도 모른체, 얼마나 많은 사람들이 취업 준비에 대해서 어처구니없는 접근을 하고 있는지를 보여주는 좋은 사례다. 돈만 벌려는 사기업의 발상이라고 해도 황당한 일이데, 공무원 조직에서 내린 결정이란 사실이 할 말을 잃게 만든다.

온갖 다양한 사람들이 코칭을 해서 번지르르하게 만든 가짜 자기소개서가 판을 치는 요즘, 그나마 지원자가 어떤 사람인지 조금 더 알 수 있는 동영상으로 만든 자기소개를 회사에서 요구하는 일이 일반화되는 건 시간 문제다. 글로 쓴 자기소개서가 사라지고, 동영상 자기소개가 일반화되더라도 영상제작의 기본 계획은 자기소개 형식의 글로 작성해야 하니 세상이 변해도 자기소개서는 필요하다. 이렇게 중요한 자기소개서를 베끼고 편집하고, 전문가랍시고 대필까지 해주다 못해 이제는 인공지능이 대신하는 시대가 왔다.

AI를 도입해 키워드 몇 개 입력만으로 자소서를 자동으로 완성한다는 건 회사를 농락하고 지원자를 바보로 만드는 일이다. 무엇보다 치명적인 피해는 지원자에게 돌아간다. 입사지원의 과정을 통해 회사에서 요구하는 내적 가치를 발견할 수 있는 기회를 원천적으로 박탈당하기 때문이다. 이 사실을 알고 있는 지원자와 그렇지 않은 지원자가 앞으로 살아갈 삶의 모습은 크게 달라질 것이다.

직무라는 문

●

인간을 불안하게 하는 것은 사물이 아니라 사물에 대한 의견이다.

에픽테토스

인도의 정신적 스승인 비노바 바베는 이렇게 말했다.

"나와 생각이 다른 사람과 대화할 때 나는 그를 설득하려고 하지 않습니다. 오직 나는 그 사람의 문을 찾기 위해 노력합니다. 모든 사람은 나름대로 크고 작은 마음의 문이 있습니다. 상대방의 마음의 문을 찾은 다음, 그 문을 조용히 열고 그 안으로 들어갑니다. 그러면 나의 주장에 그토록 반대하던 그가 어느새 나의 생각에 공감하고 있음을 알게 됩니다."

마음의 문이란 상대방의 관심사다. 상대방은 자신의 생각이 옳다고 주장하는 데 관심이 있다. 그래서 나와 생각이 다른 사람에게 하는 주장은 그의 마음을 더 굳게 걸어 잠그게 한다. 논쟁이 격화될수록 반론이 치열해지는 이유다. 나의 생각을 상대방에게 말하려면 먼저 상대방이 나의 말에 공감하게 만들어야 한다. 이 과정을 마음의 문을 찾는 것으로 비유했다.

인사 담당자나 면접관의 마음의 문은 '지원자가 얼마나 일을 잘할 수 있을까?'라는 의문으로 만들어진 문이다. 문을 찾기가 얼마나 쉬운가? 파리의 개선문, 한국의 광화문처럼 모두가 이미 알고 있는 문이다. 문을 찾았으니 이제 문을 열고 들어가면 된다. 그런데 문제가 있다. 이 문은 자물쇠로 굳게 잠겨 있다. 문을 열려면 열쇠가 필요하다. 하지만 걱정하지 마라. 바로 여기에 열쇠가 있다. 열쇠의 이름은 '직무'다.

거의 모든 지원서에서 지원 동기와 입사 후 포부를 묻는다. 내가 지원한 기업에는 입사 후 포부를 묻는 항목이 없다고 외치지 마라. 10년 뒤의 모습, 장래 계획이 입사 후 포부를 묻는 질문이다. 직무에 적합하다고 생각하는 이유, 직무와 관련된 경험 등은 지원 동기를 묻는 질문이다. 지원 동기와 입사 후 포부를 알면 일을 얼마나 잘할 수 있을지를 판단할 수 있다.

질문의 의도를 모르는 사람은 지원 동기를 묻는 질문에 경영 이념이 마음에 들어서, 최고의 기업이라서, 꿈을 펼칠 수 있는 곳이라서 등의 막연한 이야기를 한다. 특히 주의할 것은 회사의 이미지가 마음에 들어서 지원한다는 뉘앙스를 풍기면 안 된다. 한마디로 막연한 지원 동기는 막연한 지원자임을 드러낸다.

물건을 구매할 때 왜 필요한지 충분히 생각하지 않고 그냥 산다면 충동 구매다. 회사의 이미지가 마음에 들어서, 회사가 그냥 좋아서 지원했다면 충동 지원이다. 백화점 점원은 충동 구매하는 손님을 무척 좋아하지만 회사는 충동 지원자를 싫어한다. 백화점 손님은 스쳐 지나가는 사람이지만, 회사의 사원은 한솥밥을 먹으며 함께 일해야 하는 사람이기 때문이다. 이미지에 끌려 충동적으로 지원한 지원자는 충동적으로 회사를 그만두게 마련이다. 일을 제대로 해야 할 시기에 회사를 그만두면 회사로서는 엄청난 손실이다.

이력서의 내용은 객관적인 정보들이어서 지원자 마음대로 수정할 수 없다고 했다. 그런데 유일하게 단 하나, 지원자의 마음대로 선택할 수 있는 항목이 있다. 바로 직무다.* 이력서와 자기소개서를 통틀어 입사 지원서의 모든 내용 중에서 가장 중요한 항목이다. 나와 회사를 연결하는 시도가 입사 지원이라면, 나와 회사를 연결하는 접착제가 바로 '직무'다.

대부분의 지원서에는 회사에 입사하면 하게 될 일을 적는 칸이 있다. '희망 직무'라는 항목이다. 주어진 몇 가지 직무 중에서 선택하는 경우도 있고, 빈 칸에 희망하는 직무를 직접 쓰는 경우도 있다. 당황스럽지만 아예 없는 경우도 있다. 그러나 어떤 경우든 입사 지원서를 작성할 때는 내가 하게 될 일, 하고 싶은 일이 무엇인지 직무 명을 구체적으로 기입하는 것이 제일 중요하다. 나를 이야기할 때는 내가 해야 할 일과 연관 지어 말해야 하기 때문이다. 이 회사에 들어가서 어떤 일을 어떻게 하게 될지 모른다면, 어떤 일이 있는지조차 모르는 경우라면 가상으로라도 직무를 설정해야 한다. 그래야 구체적으로

---

* 채용 직무가 하나뿐이라면 선택의 여지가 없겠지만, 복수의 직무를 채용한다면 지원자가 선택할 수 있다. 거의 모든 분야의 직무를 분류하고 표준화한 NCS(국가직무능력표준)는 사실 회사보다는 지원자들에게 유용한 정보다. 자신이 지원하는 직무의 내용과 요구 역량을 간략하게 알 수 있기 때문이다.

말할 수 있다.

회사는 할 일에 대해서 구체적으로 말하는 지원자를 선호한다. 인사 담당자나 면접관은 회사에서 해야 할 일, 하고 싶은 일이 무엇인지 모르고, 생각도 해보지 않은 지원자와는 어떤 말도 섞고 싶어 하지 않는다. 이 일(직무)이 자신과 어떻게 맞는지, 왜 좋아하는지, 어떻게 준비했는지, 어떤 경험이 있는지, 일을 통해 무엇을 추구하고자 하는지 등이 지원 동기가 된다. 회사가 좋아서 지원하는 것이 아니라 일이 좋아서 지원하는 것이다. 그러니 철저히 직무로 말해야 한다. 직무가 문을 여는 열쇠다.

자기소개서에서 지원 동기만큼 중요한 항목은 입사 후 포부다. 만약 입사한다면 어떤 생각과 각오로 일을 할 계획인가를 말하는 부분이다. 이것은 '미래'에 대한 질문으로 되어 있기도 하다. 장래 계획, 5년 후, 10년 후의 모습을 묻는 질문에 개념 없이 영어 학원에 다니고, 공부를 더 하겠다는 등의 대답은 절대 금물이다. 공부를 더 하거나 자기 계발을 하고 싶다면 대학원에 진학할 일이다. 자기 계발은 입사 후 포부가 아니라 언제나 묵묵히 매진해야 하는 기본 과제다. 모든 시간과 노력을 회사 일에 쏟아부을 각오가 되어 있어도 뽑아줄까 말까인데, 공부를 하겠다는 말은 면접관에게 뽑든 말든 알아서 하라는 소리와 똑같다.

그렇다고 '열심히 하겠다, 최고의 인재가 되겠다, 회사에 필요한 사람이 되겠다, 성실하며 책임감 있고, 창의적이며 혁신적인 사람,

효율적인 업무를 하는, 열린 사고로 가치를 실현하는, 회사의 경쟁력 확보에 도움이 되는 사람이 되겠다, 정직한 태도로 업무를 하겠다' 등의 구태의연한 포부를 말하는 것도 아무런 의미가 없다. 수많은 지원자가 똑같은 소리를 하고 있다.

입사 후 포부를 말할 때도 '직무'로 말해야 한다. 입사 후 포부는 직무를 수행할 때의 구체적인 아이디어, 계획, 개선점, 일의 가치 등으로 말해야 한다.

직무가 열쇠다. 끊임없이 열쇠를 닦고 관리해야 한다. 직무를 염두에 두고 자기소개서를 작성하면 굳게 닫힌 회사의 문이 저절로 열릴 것이다.

Vision Quest

●

무엇인가 말하고 싶기 때문에 글을 쓰는 것이 아니라

말할 것이 생겼기 때문에 글을 쓴다.

피츠제럴드

학교를 졸업하고 사회생활을 시작할 시기가 되어도 자신이 누구인지, 진정 원하는 것이 무엇인지, 어떻게 살아야 하는지를 모르는 이들에게 아메리카 원주민의 옛 문화는 새겨들을 만한 가치가 있다.

북미 인디언 부족에는 성인이 되기 위해 반드시 거쳐야 할 통과 의례가 있는데, 이것을 비전 퀘스트Vision Quest라고 한다.* 성인이 되기 전에 몸을 정화하고 혼자 숲과 들, 산으로 가서 아무것도 먹지 않고 오로지 '나는 누구인가?'라는 물음으로 오랜 시간 명상을 하며 보내는 것이다. 혼자만의 치열한 시간을 통해 비로소 자신이 누구이며 어떤 삶을 살 것인지 스스로 답을 얻어 마을로 돌아오면, 마을 사람들은 완전한 의미의 어른이 된 것을 축하해준다.

북미 원주민처럼 혼자 숲과 산에서 자신만의 치열한 시간을 갖지 못하더라도 최소한 인문학 책을 한 학기에 두세 권은 읽고, 한 달에 하루 정도는 어떤 삶을 살 것인지 깊이 생각하는 시간을 갖기를 바란다. 그런 숙고의 시간이 자기소개서를 제대로 작성하게 하는 밑거름이 된다. 얄팍하고 구태의연한 표현 몇 가지로 자기소개서를 작성하는 것은 지원자 자신을 기만하는 행위일 뿐 아니라 인사 담당자와 면접관, 회사를 기만하고 세상을 속이는 일이다.

비전 퀘스트를 거친 북미 원주민이 입사 지원을 한다면 요즘의 대학생들보다 자기소개서를 훨씬 잘 쓰고 면접도 잘 보지 않을까? 전공 지식과 토익 점수, 자격증이 없더라도 자신이 누구이며 어떻게 살아야 할지에 대해 누구보다도 잘 알고 있을 테니까 말이다. 그들의 자기소개서는 이렇다.

---

* 『새는 날아가면서 뒤돌아보지 않는다』, 류시화, 더숲

1. 내가 어떤 사람인지, 어떤 경험을 통해서, 어떤 삶의 가치를 배웠고, 어떻게 살고 싶은지 말한다.
2. 그런 경험과 가치 때문에 지원하게 되었고, 일을 하게 된다면 어떻게 할 것인지 말한다.

이미 앞에서 충분히 언급한 내용으로, 표현만 조금 달리했을 뿐이다. 볼 때마다 새로운 느낌이 든다면 아직 취업을 위해서, 입사 지원을 하기 위해서 무엇을 해야 할지 감을 잡지 못하고 있다는 증거다.

'우리 회사보다 조건이 좋은 다른 회사에 입사할 의향이 있습니까?'라는 흔하디흔한 면접관의 질문에 '예!'라고 대답하는 지원자는 찾아보기 힘들다. 아무리 분위기 파악을 못하는 사람이어도 어처구니없이 다른 회사를 선택하겠다는 대답은 하지 않는다. 그런데 왜 이런 종류의 질문을 하는 것일까?

그것은 바로 이유를 듣고 싶어서다. '네, 아니오'가 중요한 것이 아니다. 그렇게 생각하는 이유가 중요하다. 면접관의 관심은 이유에 있다. 이유를 말하기 위한 논리가 중요하다. 그 논리적 일관성에서 지원자의 가치관을 발견할 수 있기 때문이다. 대답을 하다가 논리적 일관성을 잃어버렸다면 인정하라. 잘못을 수긍하는 것도 좋은 인성을 보여주는 일이다.

모두가 다 '아니오'라고 대답을 해도 이유는 저마다 다르다. 이유가 다르다는 것은 생각과 가치관이 다르다는 뜻이다. 면접관은 이유를 통해서 지원자가 어떤 사람인지를 판단한다. 물론 근사한 이유는 필요 없다. 이유를 말할 때 전달되는 지원자의 경험에서 우러나온 소신과 진실이 중요하다. 같은 대답도 달리 들리게 만드는 결정체다.

면접관은 지원자가 어떤 생각을 하는지는 관심이 없다. 면접관은 지원자가 왜 그렇게 생각하는지에 관심이 있다. 그런데 대부분의 지원자가 말하는 이유가 비슷하다. 돈보다는 개인의 가치가 어떻고, 비전이 어떻고, 이곳만이 꿈을 펼칠 수 있고, 즐겁게 일할 수 있고 등등의 막연한 이유를 말한다.

면접관은 그럴듯하지만 막연한 대답에 고개를 끄덕이지 않는다. 꼬리에 꼬리를 무는 질문을 한다. 점점 구체적인 질문, 점점 난처한 질문을 한다. 나중에는 막혀버린다. 지금까지 대답한 것이 지원자의 진짜 생각이 아니기 때문이다. 머리로만 생각하는 가짜 이유이기 때문이다.

그동안 살아오면서 크고 작은 경험들을 통해 자신만의 가치관을 정립해온 사람이라면 어떤 상황에서도 홀로 버틸 수 있는 힘이 있다. 이것이 지원자의 소신이며 철학이고 가치관이다. 구체적으로 물어보면 지나간 경험을 떠올리며 구체적으로 말할 수 있다. 생각은 경험을 통해서 형성되기 때문이다. 면접관이 이유에 대해서 물어보면 머리를 굴리면서 적당한 이유를 찾지 말라. 몇 가지 질문을 더

받으면 다 들통이 난다.

지나간 역사는 지금 현재의 모습을 이해하기 위한 밑그림이자 열쇠다. 지금 내 앞에 있는 사람이 욕을 한다고 해서 나도 바로 욕을 하면 싸움이 난다. 그럴 때는 무슨 일이 있는지, 왜 그러는지 물어보는 게 먼저다. 공손히 물으면 왜 화를 내는지 이유를 들을 수 있다. 그것이 바로 그의 역사다. 내 앞에 있는 사람을 이해하려면 그동안 있었던 일을 알아야 한다. 민족의 역사, 나라의 역사도 마찬가지다. 현재의 모습을 이해하고, 무엇이 옳은지, 앞으로 어떻게 해야 할지를 알기 위해서는 역사를 알아야 한다.

면접관은 개인의 역사에 관심이 있다. 그동안 어떻게 살아왔고, 어떤 경험들을 했으며, 무엇을 생각하고 느꼈는지를 알고 싶어 한다. 마지막으로 알고 싶은 것은 그래서 앞으로 어떻게 살고 싶은가 하는 부분이다. 그런데 대부분의 지원자가 생생하게 살아 있는 자신만의 독특한 역사를 말하지 않고 앞으로 어떻게 살고 싶은지만 말한다. 앞으로는 누구나 다 멋지게 살고 싶어 한다. 뻔한 내용이다. 그런 입에 발린 말은 면접관의 귀에 들어오지 않는다. 그래서 면접관은 지나온 일로 지원자를 판단한다.

지나온 역사는 입사 지원서에 적혀 있는 것이 아니라 지원자의 몸과 얼굴에 쓰여 있다. 몸과 얼굴로 하는 말과 입으로 하는 말이 다르면 안 되니, 어떤 경우에도 자신의 경험과 그 경험으로 형성된 자신의 생각을 말하라. 그것을 진실이라고 부른다.

진실은 힘이 세다. 진실은 어떤 경우에도 밀리지 않는다. 앞뒤가 다른 말을 하지 않는다. 북미 원주민들처럼 내 삶의 의미와 가치와 비전을 찾았다면 자기소개를 독창적으로 하는 것은 물론 어떤 질문에도 대답할 수 있다. 단순한 대답을 넘어 자신의 부족한 부분까지 메울 수 있는 감동을 면접관에게 줄 수도 있다.

면접이란 대충 숨길 것은 숨기고, 그럴듯한 말로 적당히 둘러대는 청문회나 위정자들의 정치판이 아니다. 한 사람의 경험과 생각과 가치와 진실이 표정과 말과 태도, 느낌을 통해서 오롯이 전달되는 적나라한 시간이다. 일단 스펙만 쌓는다고 저절로 해결될 만만한 문제가 아니다.

가슴 펴기

●

어려움 때문에 자신감이 부족한 것이 아니라,
자신감이 부족하기 때문에 어려움이 생긴다.

세네카

한 지원자가 있다. 한국 최고의 명문대 출신에, 전 학기 A이상의 학점에, 토익 점수도 만점에 가깝고 회화 능력도 현지인 수준이다. 직무 관련 자격증도 몇 개나 있고, 공모전 입상 경력도 있다. 심지어 동아리 활동도 활발하게 했고, 배낭여행 경험도 매우 많으며, 아르바이트 경험을 포함해서 다양한 경험이 넘치는 지원자다. 그의 자기소개와 대답을 들어보니 속이 꽉 찼다. 긍정적이고 남을 배려할 줄 아는 가치관이 물씬 묻어난다. 한마디로 흠잡을 곳이 없는 스펙과 인성을 고루 갖춘 거의 완벽한 지원자다.

그런데 한 가지 문제가 있다. 면접실에 들어올 때 관찰해보니 몸이 살짝 굽어 있다는 느낌이 든다. 서 있을 때 자세히 보니 왼쪽 어깨가 조금 올라갔다. 자리에 앉아 있는 모습을 보니 골반이 바로 세워지지 않아 전체적으로 구부정한 느낌이 든다. 건강에 문제가 있는 것 같아 질문을 하니, 축구와 조깅을 즐기기 때문에 누구보다도 체력이 강하다고 말한다. 하지만 왠지 믿음이 가지 않는다. 면접관들은 쉽게 결정을 못하고 모호한 질문을 자꾸 날린다. 이 지원자의 결과는 어떻게 되었을까?

거의 모든 지원자가 공통적으로 주장하는 것이 있다. 누구보다도 체력이 좋고, 건강하고, 당당하고, 패기가 넘치고, 적극적이고, 열정에 가득 차 있다고 강조한다. 면접관은 이런 말을 들을 때마다 하품이 나온다. 눈만 뜨면 듣는 말이기 때문이다. 그처럼 기계적으로 하는 말을 귀담아 듣고 감동을 하고, 지원자의 주장에 공감하고 동의하는 면접관은 없다.

그래도 세상에는 워낙 다양한 사람들이 있으니 혹시 어쩌다가 가뭄에 콩 나듯이 순수한 마음으로 지원자의 모든 말을 여과 없이 믿어버리는 면접관이 있을지도 모른다. 하지만 그렇다면 그는 면접 관의 자격이 없다. 면접관은 지원자가 어떤 사람인지 냉철하고 예리 한 눈으로 감별해내는 사람이지, 마음을 열고 공감하며 고민을 들어 주는 상담자가 아니다.

이런 상황에서 지원자의 몸 상태는 면접관의 눈에 강렬하게 들어 온다. 구부정한 자세로 들어온다거나, 턱이 쑥 빠져 있다거나, 고개 가 아래로 기울어져 있다거나, 시선이 처져 있다거나, 옆을 본다거나, 등이 굽어진 자세로 서 있다거나, 한쪽 어깨가 올라갔다거나, 앉아 있는데 의자 등받이에 기대고 있다거나, 앉은 상태에서 골반이 직각 으로 세워지지 않아 상체가 뒤로 처진다거나, 고개가 기울어져 있다 거나 하면 면접관은 먹이를 낚아채는 독수리의 발톱처럼 놓치지 않 고 질문을 날린다.

자세가 구부정하고 굽어 있는데 당당하고 패기 있고, 체력이 강 하고, 적극적이고, 열정적이라고 강조해봐야 모두 거짓말처럼 느껴 진다. 면접관은 속으로 비웃는다. 상황과 시간이 허락한다면 지원자 가 들어오는 모습, 앉아 있는 모습을 녹화해서 보여주고 싶을 정도 다. 자신의 모습을 보고도 여전히 적극적이고 당당하고 패기와 열정 이 넘쳐난다는 말을 할 수 있는지 묻고 싶기 때문이다.

1천 명 중에 999명은 틀에 박힌 가식적인 대답을 한다. 그래서 면 접관은 말보다는 눈에 들어오는 지원자의 모습을 더 신뢰한다. 이는 면접관뿐만 아니라 우리의 일상에서도 마찬가지다.

면접을 볼 때 너무나 당연하고 쉬운 것이지만, 아주 많은 지원자가 간과하는 가장 중요한 원칙은 이것이다.

'골반을 세우고 가슴을 펴라.'

수많은 현장 경험을 통해서 확신하건대 지원자가 가슴만 펴도 50퍼센트는 합격선에 들어간다. 반대로 아무리 뛰어난 지원자도 가슴이 펴져 있지 않으면 합격할 가능성이 희박하다. 이유는 간단하다. 면접관은 구부정하고 불안한 자세로 앉아서 패기, 적극성, 열정, 끈기와 체력을 강조하는 지원자보다는 아무 말 안 해도 가슴을 쫙 펴고 앉아 있는 지원자를 선호한다. 가슴을 펴고 몸을 곧게 한 지원자는 굳이 말하지 않아도 당당하고 적극적이며, 패기와 열정이 있고, 끈기와 체력을 갖추고 있다고 판단된다. 얼굴과 몸의 모양은 가장 먼저 눈에 들어오는 판단 기준이다. 가슴을 펴는 방법은 이렇다.

첫째, 앉은 상태에서 골반을 최대한 직각으로 세운다.
둘째, 척추를 최대한 편다. 그러면 자연스럽게 척추는 S자 형태가 된다.
셋째, 가슴을 최대한 앞으로 내민다. 그러면 턱은 자연스럽게 뒤로 당겨져 거북목 지원자도 교정이 된다.

마지막으로, 어깨에 힘을 뺀다.

평소에 이 자세를 의식하고 바로잡아서 자연스러운 습관으로 만드는 것이 중요하다. 당장 이 순간부터 연습하기를 바란다. 도서관에서 공부할 때, 식당에서 밥을 시켜놓고 기다릴 때, 지하철이나 버스에서, 어디든 가능한 상황이 되면 골반을 바로잡고 가슴을 펴고 당당하고 씩씩한 자세로 앉는 연습을 하길 바란다. 그렇게 해야 자연스럽게 몸에 밴 자세가 된다.

가슴을 펴기만 하면 온갖 병이 낫고 운명이 바뀌어 좋은 일이 생긴다고 주장하는 사람도 있다. 가슴을 구부리면 장기가 압박을 받아 혈액 순환이 제대로 되지 않고, 그러다 보니 혈색도 나빠지고 몸과 정신에 악영향을 준다고 한다. '몸을 펴라'는 단순한 주제로 '몸살림 운동본부'라는 단체가 있을 정도로 가슴을 펴는 효과는 매우 크다.

가슴을 펴야 할 또 한 가지 중요한 이유가 있다. 면접 때 가장 치명적인 적은 바로 긴장감이다. 도를 넘어선 불안함, 두려움, 긴장감으로 면접을 제대로 보지 못하는 경우가 매우 많다. 긴장과 두려움, 불안을 없애는 효과적인 방법이 바로 가슴을 펴는 것이다. 사람은 두려우면 몸이 움츠러든다. 긴장될수록 몸과 가슴을 펴라. 그러면 거짓말같이 두려움과 긴장감이 사라질 것이다. 또한 쫙 펴진 가슴으로 인해 당당하고 씩씩하게 보일 것이다. 그러니 어떤 경우에든 면접을 볼 때 가슴을 펴야 한다.

면접을 잘 보는 좋은 방법 중 하나는 평소에 몸과 가슴을 펴고 사는 것이다. 자세만 바르게 해도 합격의 길에 가까이 오를 수 있다. 정신력만 있으면 다 해결되고, 몸만 건강하면 끝이라는 치우친 태도는 좋지 않다. 몸은 정신에 영향을 끼치고, 정신은 몸에 영향을 미친다. 화분을 가꾸듯 몸과 마음을 함께 돌봐야 한다.

떨리는 이유

•

두려움은 언제나 무지에서 나온다.

R. W. 에머슨

조선 시대에 사육신이 죽기 전까지 당했던 고문은 상상을 초월한다. 커다란 돌을 끌어올렸다가 끓어앉은 무릎 위로 떨어뜨려 다리뼈를 으스러지게 만들고, 부서진 뼈에 또 돌을 떨어뜨렸다는 기록이 있다. 그 아픔을 상상하면 살이 떨려 상상조차 힘들다. 무지막지한 고통과 죽음 앞에서도 당당하게 자신의 소신을 굽히지 않는다는 것이 얼마나 힘든 일인지는 잠시만 헤아려보면 알 수 있다. 영화 〈브레이브하트〉의 마지막 장면에서도 잔인한 고문을 견디다가 결국은 '자유 Freedom!'라고 절규하며, 타협과 굴종이 아니라 자유를 원한다는 신념을 끝까지 보여주고 장엄하게 죽음을 맞이하는 주인공이 나온다.

그들은 어떻게 고통과 죽음 앞에서도 신념을 지킬 수 있었을까? 그것은 바로 흔들리지 않는 완전한 '깨달음' 때문이다. 목숨보다 더 중요한 가치를 알아버렸기 때문에 어떤 상황에서도 두렵지 않은 것이다. 자신이 생각하는 것이 진정으로 옳다고 믿는 사람에게서 우러나오는 신념은 죽음도 우습게 여길 만큼 힘이 있다.

만약 사육신이나 〈브레이브하트〉의 주인공이 회사에서 면접을 보게 된다면 어떤 모습일까? 차례를 기다리며 표정 연습을 하고, 전략적으로 준비한 자기소개를 혼잣말로 중얼중얼 외우고 있을까? 면접이 진행될 때 식은땀을 흘리며 말을 더듬고, 앞뒤도 맞지 않는 소리를 하며 쩔쩔맬까? 상상이 잘 되지 않는다. 아마도 그들은 가식적인 면접 준비는 하지 않을 것이다. 당당한 모습으로 면접에 임하고, 면접관은 그들의 신념과 가치관에 매료될 것이다.

일반적으로 불안, 초조, 긴장감, 두려움 등은 어떤 일이 일어날지 모를 때 생기는 감정이다. 어떤 일이 일어날지 안다면 떨리지 않는다. 면접 때 떨리는 이유도 어떤 일이 일어날지 모르기 때문이다. 면접 때는 어떤 일이 일어날까? 면접은 90퍼센트 이상이 질문과 대답이다. 질문은 면접관이 하고, 대답은 지원자가 한다.

지원자가 면접 때 불안하고 초조해 하고 떠는 이유는 면접관이 어떤 질문을 해올지 몰라서가 아니다. 지원자 자신이 어떤 대답을 하게 될지 몰라서다. 설사 면접관의 예상 질문을 모두 안다고 해도 긴장과 두려움이 사라지지는 않는다. 모범 답안을 외워두었어도 실제로 질문에 어떻게 대답할지 모르기 때문이다.

'외운 대로 잘 대답할 수 있을까? 잘해야 할 텐데, 내 입에서 나도 예상치 못한 헛소리가 불쑥 튀어나오면 어떻게 하지?'

스스로에 대해 자신이 없으면 불안하고 초조하다. 이 모든 것이 무지 때문이다. 무엇을 모른다는 것일까? 자신이 어떤 사람인지 모르고, 그러니 자신에 대해서 뭐라고 말해야 할지 모른다. 질문에 어떤 대답이 튀어나올지 모르는 것이다. 자신이 어떤 말을 할지 모르는 이유는 자신이 어떤 사람인지, 자신의 확고한 생각이 무엇인지 정리가 되어 있지 않기 때문이다. 그래서 면접이 어떻게 진행될지 알 수 없기 때문에 긴장하고 불안하며 초조하고 두려움이 생긴다.

면접은 운동 경기가 아니지만, 이해를 돕기 위해 예를 들겠다. 피겨 스케이팅 선수가 올림픽 금메달에 도전하기 위해서 수년 동안 멋지고 비싼 의상을 준비하고 몸매 관리만 했다. 당연히 연습은 충분히 하지 못했다. 결전의 날이 왔다. 떨린다. 잘할 수 있을지 걱정이 된다. 아무래도 연습량이 부족한 것 같다. 연습을 많이 했다면 연기에 몰입해서 무아지경으로 연기를 할 수 있을 텐데 그럴 자신이 없다. 연기를 하면서도 줄곧 실수했던 부분들이 의식되고, 의식되는 순간 실수로 이어진다. 그런데 진짜 연습을 열심히 해서 피겨가 삶이고 삶이 피겨가 된 선수는 경기 도중에 다른 생각은 접고 오로지 연기에만 몰입할 수 있다. 그동안 피땀 흘리며 연습했던 자신을 믿고, 자연스럽게 연기하며 심지어 즐기기까지 한다. 그런 명품 연기를 보면 사람들은 감동을 받는다.

면접도 마찬가지다. 면접에 대비해서 겉으로 보이는 스펙만 쌓은 지원자는 면접이 걱정되고 떨린다. 면접관의 관심사인 자신이 어떤 사람인지를 보여줄 수 없기 때문이다. 하지만 내가 누구인지, 삶의 가치와 연관된 지원 동기와 입사 후 포부가 무엇인지 충분히 생각하고 느낀 지원자는 면접에 몰입할 수 있다. 있는 모습을 그대로 보여주면 된다. 면접관은 그런 지원자에게 감동을 받는다. 자신의 삶과 가치관을 당당하고 자신 있게 말하는 지원자, 더하여 겸손하고 예의 있는 태도까지 갖추었다면 합격은 두말하면 잔소리다.

면접에서 떨어지는 지원자들의 특징이 있다. 면접관의 마음에 드는 뭔가 근사하고 멋진 대답을 해야겠는데, 무엇이 옳고 그른지 판단이 되지 않는다. 눈알이 팽팽 돌아가고, 머릿속으로 계산기를 두드리는 소리가 면접관에게까지 들린다. 토론 면접에서는 찬성, 반대의 입장을 일단 정하고 합리적인 근거를 제시하며 주장해야 하는데, 상황 판단이 되지 않으니 말을 할 수가 없다. 어떤 말을 해야 할지 모르니 더 두렵고 긴장된다. 마음이 여린 지원자는 말 그대로 목소리와 손을 사시나무 떨듯이 떤다. 떨리는 것을 스스로 느끼니 더 떨린다. 어떻게 해야 할지 모르겠다고 생각하니 머리는 더 캄캄해진다. 스스로의 삶에 대한 신념이 없기 때문이다.

신념이 확고한 지원자는 어떤 질문에도 소신 있게 대답의 방향을 판단한다. 자신의 가치관이 서 있는 사람, 스스로 자신의 생각이 옳다고 믿는 사람은 자신이 어떤 대답을 할지, 무엇을 말할지 잘 알고 있기 때문에 면접 때 떨지 않는다. 맹목적인 자신감을 가지라는 말이 아니다. 가치관과 신념이 얼마나 건강하고 바람직한가는 매우 중요하다. 많은 경험을 하고 바른 생각을 갖춘 지원자는 대체로 긍정적이며, 표정이 밝고, 고집이 세지 않고, 겸손하게 소신을 밝히며, 면접관을 포함해서 상대방을 잘 배려한다.

떨리는 것과 긴장감은 다르다. 전혀 긴장하지도 않고 전혀 떨리지도 않는다고 해서 무조건 좋은 것은 아니다. 적당한 긴장감은 오히려 면접에 도움이 된다. 면접을 가벼이 여기지 않고 진지하게 받아들이는 지원자의 순수하고 적극적인 모습을 보여주기 때문이다. 산전수전 다 겪은 것처럼 능글거리며 여유 있게 면접을 보면 면접관은 매우 불쾌한 반응을 보인다. 그러나 과도한 떨림, 두려움, 남들에 비해서 더 많은 긴장감을 갖고 있다고 느낀다면 면접을 보기 전후에 스스로에게 물어야 한다.

"나는 나만의 가치관을 가지고 있는가? 나만의 가치를 가지고 세상을 살아왔는가? 그 가치가 한쪽으로 치우치지는 않는가? 그 가치는 나와 세상에 이로운 것인가? 그 가치와 지원 동기가 일맥상통하는가? 그 가치로 입사 후 포부를 설명할 수 있는가? 이 모든 것들을 생각이 아니라 그동안의 경험으로 말할 수 있는가?"

면접 후에 이런 질문을 하기보다는 미리 하는 것이 좋다. 평소에 다른 사람 앞에서 많이 떨리고 긴장하고 불안한 마음이 든다고 느낀다면 왜 그런지 스스로에게 물어봐야 한다. 그런 질문에 대한 답들이 모여 면접을 잘 보게 만든다. 나아가 멋진 삶을 살게 해준다. 이 질문들에 자신 있게 '그렇다!'라고 말하길 바란다. 말로만 그렇다가 아니라, 경험과 깨달음으로 그렇다고 말하려면 스펙 쌓기 위주의 계획을 근본적으로 바꿔야 한다. 스펙만 쌓으면 더 떨게 될 테니 말이다.

학창 시절에 대해 아인슈타인은 "외워서 줄줄 읊느니 차라리 처벌받는 게 나았다"라고 말했다. 우리가 아는 아인슈타인을 만든 정신이다. 이 정도 배포는 있어야 면접을 잘 볼 수 있다. '맹목적으로 스펙을 줄줄 쌓느니, 차라리 취업을 포기하겠다'라는 배짱으로 세상과 맞설 용기가 있는가? 그 정도 정신이면 취업은 물론 어떤 인생을 살아도 뜻을 이룰 것이다.

III
진짜 취업 준비,
취업 질문

진짜 원하는 것이 무엇이지 잘 모르겠거든,
할 수 있는 것부터 하라.

할 수 있는 것부터 하나 둘 경험하다 보면
진짜 하고 싶은 것을 찾게 된다.
그래서 인간의 모든 경험은 의미가 있다.
잘 몰라도 상관없다.
부딪히고 깨지고 상처받는 시간들은 지나면 모두 값지다.
고통도 절망도 방황도 다 의미가 있다.
그러니 두려워할 필요가 없다.

1 취업을 위한 삶인가? 삶을 위한 취업인가?

쇼핑

●

우리는 행복해지려고 노력하기보다

남들이 우리가 행복하다고 믿게 만드는 데 관심이 더 많다.

F. 라로슈푸코

초등학교 3학년 아이에게 물었다.

– 어떻게 살고 싶니?

"행복하게요."

– 어떻게 사는 게 행복한 건데?

"하고 싶은 일을 하면서 사는 거요."

- 어떤 일을 하고 싶은데?

아이는 망설이며 말한다.

"잘 모르겠어요."

대학생에게 물었다.

- 어떻게 살고 싶습니까?

취업 준비 중인 학생이 대답한다.

"행복하게요."

- 어떻게 사는 것이 행복한 겁니까?

"하고 싶은 일을 하면서 사는 거겠죠."

- 어떤 일을 하고 싶은데요?

관심 없다는 듯 대학생이 대답한다.

"잘 모르겠어요. 돈을 많이 벌 수 있는 일?"

어떻게 살고 싶은지 물어보면 결론은 대략 이렇다. 초등학생과 대학생은 지식의 차이는 크지만 삶에 대한 생각은 큰 차이가 없다. 그래서 『내가 정말 알아야 할 모든 것은 유치원에서 배웠다』라는 책이 나왔는지도 모른다.

나이가 들수록 달라지는 것이 있다면 돈을 버는 일이 팍팍한 일상 속으로 들어오는 정도 아닐까? 공부를 하고 스펙을 쌓고 취업 준비를 하는 현실적인 이유는 돈이다. 돈을 벌어야 살 수 있다는 생각은 취업 준비를 선택지가 아니라 생존을 위한 유일한 탈출구라고 생각하게 만든다. 문제는 돈이다.

세상에서 가장 많은 자원과 부를 누리고 있는 미국 10대 소녀들에게 꿈에 대한 설문 조사를 해보니 '쇼핑'이었다고 한다.* 실컷 한 번 다 사보는 것이 꿈이라는 대답이 압도적이었단다. 이유가 있어서 사는 것이 아니라 사고 싶으니까 사야 될 이유를 찾는 것이다. 쇼핑의 다른 이름은 행복이다. 쇼핑을 하면 행복한데, 쇼핑을 하려면 돈이 있어야 한다.

"소비 사회에는 두 가지 노예밖에 없다. 하나는 중독의 포로들이고, 다른 하나는 선망의 포로들이다."

교육학자이자 사상가인 이반 일리치는 일찍이 소비 사회의 병폐를 이렇듯 명쾌하고 예리하게 지적했다.

쇼핑이 꿈인 아이들이 자라면 어떤 세상이 될까? 쇼핑으로 이익을 보는 사람은 누구일까? 쇼핑을 하려면 돈을 벌어야 하고, 돈을 벌려면 취업을 해야 하고, 취업을 하려면 스펙을 쌓아야 하고, 스펙을 쌓으려면 사회 문제에 관심이 멀어진다. 사회 문제에 관심이 사라지면 사회는 더욱 경쟁이 강화되고, 몇몇 힘센 자들이 제멋대로 사회를 주무를 수 있다.

오늘날 우리 사회를 지배하는 핵심 원리는 경쟁이다. 위정자들이

---

* 〈어플루엔자〉, 존 더 그라프, 한숲출판사

권력을 유지해온 도구는 전쟁, 경쟁, 쇼핑의 순서로 진화해왔다. 이 셋은 꼬리에 꼬리를 물고 돌고 돈다. 나의 생각은 순수한 내 의지가 아니라 외적인 요인에 의해서 조작된 것일 수도 있다는 사실을 인정해야 한다. 누군가의 생각과 행동으로 인해 내가 지갑을 꺼내며 웃고 있다면 보기 좋게 당한 것이다. 계속 당하고 살면서 당하고 있다는 사실조차 모른다. 그들의 시스템이라는 틀에 갇힌 탓이다.

내가 어떤 생각을 하고 행동을 할 때 그것으로 이익을 보는 자가 누구인지를 생각하는 일, 이것이 바로 틀에서 벗어나는 문을 따는 열쇠다. 대다수 청년들의 꿈이 쇼핑인 사회는 탈출구가 없다. 탈출구가 없는 사회에는 '모든 것을 가진 자'와 '자발적 노예'만이 존재한다. 돈을 벌려고 스스로 노예의 길을 선택한 것은 쇼핑 때문이다. 전자 제품, 옷, 차, 아파트, 현란한 물건들을 사기 위해서 삶을 바친다. 모든 쇼핑을 거부할 수는 없다. 나쁜 과정을 거친 물건과 음식을 사지 않는 것처럼 현명한 쇼핑을 해야 한다. 맹목적인 쇼핑은 모두를 착취와 희생의 노예로 만든다.

인간이 죽음에 대해서 그토록 민감하게 반응하는 이유는, 모든 삶을 바쳐 시스템의 노예가 되는 삶을 선택했는데 오래라도 살지 않으면 억울하기 때문이다. 행복한 삶을 살아가는 사람, 하고 싶은 일을 하면서 자신의 가치를 실현하며 살아가는 사람은 죽음을 두려워하지 않는다. 그들에게는 순간순간의 삶 그 자체가 소중하기 때문이다.

"당신이 행복하지 않다면 집과 돈과 이름이 무슨 의미가 있겠는가?

대다수 청년들의 꿈이 쇼핑인 사회는 탈출구가 없다.
탈출구가 없는 사회에는 '모든 것을 가진 자'와
'자발적 노예'만이 존재한다.

그리고 당신이 이미 행복하다면 그것들이 또한 무슨 의미가 있겠는가?'

라마크리슈나의 말이다. 인생은 돈을 많이 벌지 못해도 행복할 수 있고, 돈을 많이 벌어도 불행할 수 있다. 반대로 돈이 없어서 불행할 수도 있고, 돈이 많아서 행복할 수도 있다. 돈이 많이 있는 사람은 돈의 크기와 행복의 크기가 비례하지 않는다는 사실을 잘 안다. 그 단순한 사실을 확인하기 위해서 삶을 바치는 것은 무모하다. '어떻게 살면 행복할까?'라는 질문은 '어떻게 살 것인가?'로 연결되고, '어떻게 살 것인가?'의 문제는 '어떤 사람인가?'로 귀결된다. 개개인의 중요한 화두이기도 하지만 인재를 뽑는 회사의 관심이기도 하다.

회사가 좋은 지원자를 뽑는 방법은 간단하다. 지원자에게 의문을 품고 계속해서 질문을 하는 것이다. 좋은 지원자가 되는 방법도 간단하다. 자신과 세상에 대해 의문을 품고 질문을 하는 것이다. '어떻게 살 것인가'를 끊임없이 성찰하는 사람에게 '어떻게 일할 것인가?'와 같은 질문은 식은 죽 먹기다. 자신에게 던지는 질문이 미분, 적분인 사람에게 회사의 질문은 사칙 연산 정도밖에 되지 않기 때문이다. 이미 다 풀어버린 문제들이다.

취업 준비는 회사가 질문할 것에 대해 답을 준비하는 것이고, 채용 과정은 회사의 질문에 대답을 하는 과정이다. 회사의 온갖 질문에 답하는 비결은 한 가지밖에 없다. 세상과 자신에 대해 스스로 많은 질문을 던져 자신을 단련하는 것이다. 회사보다 더 어렵고 치열한 질문을 스스로에게 던져야 한다.

질문은 궁금한 마음이 생겨야 가능하다. 그런데 궁금함은 그냥 생기지 않는다. 자신을 감싸고 있는 상황에 의문을 품어야 하고, 그 틀에서 벗어나려는 마음이 있어야 한다. '세상이 왜 이럴까' 하며 한탄으로 끝내지 말고 당당하게 질문하라. 자신만의 질문을 하고 답을 찾아가는 과정이야말로 진짜 삶, 행복한 삶을 만들어가는 길이다.

'어떻게 살아야 행복할까'가 의문의 핵심이다. 진짜 취업 준비 과정이기도 하다. 의문을 품어야 취업에 대비할 수 있는데, 취업 준비를 하느라 의문을 가질 기회가 없는 현실이 비극의 출발점이다.

청년들의 문제는 별것 아니다. 젊어서 고생은 사서도 한다는 식의 무책임한 말을 하는 사람이 있다. 그렇지 않다. 청년 실업의 문제는 개인의 문제가 아니라 사회적 문제다. 사회를 이렇게 만든 기성세대의 책임이다. 기성세대가 만들어 놓은 틀에 갇혀 맹목적인 취업 준비를 하며 삶을 허비할 것인지, 기존 틀에서 벗어나 새로운 틀을 만들지 선택해야 한다.

어떤 선택이 세상의 모든 질문에 당당히 대답할 수 있는 자신만의 큰 '이유'를 찾아가는 길인지 생각하라. 어떤 선택이 자신의 가슴을 뛰게 만드는지 생각하라. 행복은 조건이 아니라 선택에서 시작된다. 다른 사람이 만든 물건을 사는 일은 쇼핑이지만, 자신의 행복을 사는 일은 삶이다.

수단이 아닌 경험

•

언어는 흘러넘치는 경험으로 가득 채워진 그릇이다.

에리히 프롬

어떤 음식이 최고로 맛있는 음식일까? 세상에서 가장 맛있는 라면은 배고플 때 끓여먹는 라면이라는 영화 〈식객〉의 마지막 장면은 진리를 명쾌하게 보여준다. 그렇다면 배고프지 않은 음식의 전문가들이 좋은 음식을 선별하는 기준은 무엇일까? 여러 가지가 있겠지만 가장 중요한 것은 '재료'다. 세계 최고의 요리사가 아무리 맛있게 음식을 만들고 멋지게 장식하여 값비싼 그릇에 담아왔더라도 재료가 엉망이면 먹기가 꺼려진다. 농약과 화학 비료에 찌든 채소와 과일, 항생제와 성장 촉진제가 가득한 고기, 중금속으로 오염된 강과 바다에서 잡은 생선으로 요리한 음식은 아무리 배가 고파도 망설여진다.

좋은 음식은 재료가 좋아야 한다. 재료에 자신이 없으면 달고 맵게 자극적으로 간을 한다. 최고의 재료를 사용하면 양념을 강하게 하지 않아도, 장식으로 멋을 부리지 않아도, 값비싼 그릇에 담지 않아도 좋다. 소박한 모습으로 차려도 최고의 음식이 될 자격이 충분히 있다.

자기소개서와 면접 과정의 답변도 재료가 중요하다. 현란한 스펙에 화려하고 자극적인 글과 말솜씨로 인사 담당자와 면접관의 관심사만 콕콕 집어 전략적으로 작성된 자기소개서도 재료가 좋지 않으면 무효다. 자기소개를 요리할 때 쓰이는 재료는 무엇일까? '경험'이다. 그냥 경험이 아니다. 지원자의 치열한 고민과 방황, 고통과 극복이 담긴 진짜배기 경험이다. 그냥 진짜배기 경험이 아니다. 그런 경험을 통해서 진주 같은 삶의 진리를 얻게 된 빛나는 경험이다. 그것이 '가치 있는 경험'이다.

경험이 담겨 있지 않은 자기소개서는 휴지 조각과 같다. 자기가 잘났다는 말은 마음만 먹으면 누구나 할 수 있다. 실제로 많은 사람이 그렇게 말한다. 그러나 회사는 지원자의 주장이나 말을 듣지 않는다. 어떤 경험을 했는지, 경험을 통해서 무엇을 얻었는지를 통해 지원자를 판단한다.

음식의 재료에도 수준이 있듯이 경험에도 수준이 있다. 진실한 자신만의 경험, 온몸에 전율이 생길 정도로 무언가를 얻어서 삶의 가치와 철학을 얻게 된 경험이 수준 높은 경험이다. 요리로 치면 최고의 재료다. 남들도 다하는 경험과 함께 구태의연하고 판에 박힌 교훈을 늘어놓는다면 농약과 화학 비료로 대량 생산된 채소, 성장 촉진제로 크기만 커진 과일처럼 나쁜 재료가 된다. 재료가 좋다면 자기소개를 좀 서툴게 해도 좋은 느낌을 준다. 취업 준비를 하는 사람이 제일 먼저 해야 할 일은 좋은 재료를 준비하는 일이다. 곧 좋은 경험을 갖추는 일이다. 하지만 이제는 경험도 문제가 되는 상황이 되어버렸다.

취업을 위해 경험이 중요하다는 것은 이미 상식이 되었다. 그래서 불행하게도 인간의 고유한 영역, 사적인 영역, 즐거움의 영역인 삶의 경험마저도 각종 경력, 인턴 경험, 배낭여행, 어학연수, 동아리 활동, 공모전 경험, 프로젝트 경험, 재능 기부, 봉사 활동 등등의 이름으로 취업을 위해 갖추어야 할 스펙의 한 부분으로 여겨지고 있다. 참으로 안타까운 일이다. 보이는 대로 쇠붙이를 먹어버리며 점점 커지는 불가사리처럼, 스펙이라는 가상의 괴물은 얼굴과 키와 몸무게를 넘어서서 인간 활동 전체까지 잡아먹어버린 셈이다. 취업에 도움이 되는지 아닌지만 생각하는 취업 중심의 접근 때문이다.

인간 활동의 모든 것이 취업을 위한 스펙 갖추기의 일환으로 프로그래밍 되면 스펙은 더 이상 의미가 없어진다. 토익을 취업의 중요한 요소로 생각해 너도나도 토익 공부에 열심을 내다보니 토익 점수가 별 의미가 없어지는 것과 같은 현상이다.

경험은 우리의 삶을 구성하는 소중한 시간들이다. 우리의 삶이 누군가의 수단이 되는 건 비극이다. 우리의 삶이 취업 준비를 위한 스펙 쌓기의 수단으로 전락되는 건 말할 수 없이 큰 비극이다. 경험마저 취업 준비를 위한 수단으로 여기면 자신의 삶을 통해 정작 할 말이 없어 취업에 성공하기 힘들다. 설사 취업하더라도 그의 삶은 계속 뭔가를 위한 수단이 될 가능성이 크다. 뭔가를 위한 수단이 아니라 삶 자체를 목적으로 여기는 태도가 자신의 삶을 존중하는 일이다. 스스로 존중하지 않는 삶은 남들도 존중하지 않는다.

인생은 참 아이러니하다. 경험까지 바쳐 취업에 모든 삶을 쏟은 지원자는 오히려 취업의 기회가 줄어드는데, 취업과 상관없이 자신만의 삶을 가꿔나간 사람에게는 취업의 기회가 쉽게 온다. 무엇이든 과도하게 집착해서 수단으로 여기면 이루기 어렵다. 삶은 숱한 경험들의 소중한 과정이다. 오로지 취업에만 목표를 두고 취업에 도움이 되는 경험들을 선택하는 것은 자신의 삶을 취업의 수단으로 여기는 어리석은 행동이다. 무엇보다 경험의 동기와 과정, 결과가 취업이라는 목표를 위한 수단으로 전락되어, 소중한 경험을 하고도 붕어빵처럼 누구나 다 하는 남들과 똑같은 의미 없는 경험이 되어버린다.

스토리가 중요하다느니 독특한 경험이 중요하다느니 떠들며 취업을 위한 각종 경험들을 강조하는 세태 때문에 경험은 이미 유행처럼 성행하고 변별력을 잃었다. 회사에서도 스펙 쌓기의 일환인 경험들은 무의미하게 본다. '학생 대표, 동아리 대표, 어학연수, 국토 대장정 등과 같은 평범한 경험을 한 지원자들은 해당 사항이 없다'고 못 박은 H기업의 최근 채용 공고는, 취업을 위한 지원자의 수단적 경험을 회사에서 어떻게 보고 있는지 아주 잘 말해준다.

스펙 쌓기의 열풍 때문에 높은 스펙이 더 이상 의미가 없어졌듯이, 취업을 위한 경험 쌓기가 성행하면서 지원자의 수단적 경험도 의미가 없어지고 있다. 대부분의 프랜차이즈는 자영업자들을 수단으로 여긴다. 돈이 된다는 소문 때문에 너도나도 열풍처럼 치킨 집을 오픈했던 열풍이 지나간 뒤 자영업자는 무엇을 고민해야 할까?

유행, 다른 사람들의 권유, 돈만 생각하는 태도에서 벗어나 자신이 진짜 하고 싶은 일을 찾아 독창적인 스타일을 구현하며 자신의 가치를 실현하는 자영업의 기본으로 돌아가는 일이 해답이다.

취업을 준비하는, 삶을 살아가는 청년들도 마찬가지다. 취업을 위한 스펙과 보여주기 식 경험을 유행처럼 따라가며 자신의 삶을 수단으로 전락시키지 말고 삶 자체를 목적으로 여겨야 한다. 획일화된 경험이 아니라 취업과 상관없이 스스로의 가치 실현을 위한 자신만의 고유한 경험을 해야 하는 이유다. 좋은 삶이란 그런 경험들을 차곡차곡 쌓아 만든 살기 편한 집과 같다.

경험과 태도

•

모든 직업 중에서 가장 생산적이고
가장 즐겁고 자유스러운 직업은 농업이다.

키케로

틀에 박힌 자기소개를 듣다 보면 면접관은 종종 이렇게 자기소개를 주문하기도 한다.

"준비한 자기소개를 하지 않아도 좋으니 지금 이 자리에서 하고 싶은 이야기를 해보세요."

모 대학의 모의 면접 때 있었던 일이다. 한 지원자가 진솔한 자기소개를 하라고 하니 자신감 없고 불안하지만 솔직한 눈빛으로 이렇게 말했다.

"……저는 아토피가 있습니다. 어릴 때부터 아토피를 고치기 위해 온갖 치료를 다 받아보았지만 낫지 않았습니다. 그래서 힘들고 고통스러웠습니다. 제 삶의 가장 큰 장애물은 아토피였습니다. …… 만약 제가 입사하게 된다면 회사에서 원하는 인재가 되어 능력을 발휘해보겠습니다."

당황스러웠다. 말하려고 하는 것이 무엇인지 도무지 알 수가 없었다. 평생 삶을 괴롭힌 아토피만큼 자신을 잘 설명할 수 있는 것이 없다고 생각해서 이야기를 꺼낸 듯했으나, 앞뒤 관계가 모호하고 아토피 이야기가 지원 동기나 입사 후 포부와 전혀 연결되지 않았다. 솔직하게 아토피를 실토한 지원자의 눈빛은 한층 흐려졌다. 지난 고통과 앞으로의 걱정 때문인 듯했다. 자연히 질문에 대한 대답도 자신감이 없고 말하고자 하는 바도 분명하지 않았다. 이 지원자는 당연히 불합격이었다.

자신의 이야기를 한 것은 진실이었으니 그 점은 좋았다. 문제는 아토피 이야기를 왜 하게 되었는지, 아토피를 통해서 무엇을 배웠는지, 그 배움을 통해 자신이 어떤 사람인지 말하지 못했으며, 나아가 입사 후 포부와도 전혀 연결시키지 못했다. 이 친구가 만약 다음과 같이 자기소개를 했다면 결과는 어땠을까?

"저는 아토피 피부염을 앓고 있습니다. 어릴 때부터 병을 고치기 위해 온갖 치료를 다 받아보았지만 낫지 않았습니다. 그래서 참 힘들고 고통스러웠습니다. 하지만 지금은 아토피를 고맙게 받아들이고 있습니다. 아토피를 통해서 인내심을 배웠기 때문입니다. 몸이 가렵고 불편해서 짜증스럽기도 했지만 차츰 저 자신을 통제하고 참는 법을 배웠습니다. 만약 아토피가 없었다면 저는 인내심이 부족하고 이기적인 사람이 되었을지도 모릅니다. 또 제 병을 치료하기 위해 애쓰시는 부모님을 보면서 남을 위해 희생하는 마음을 배웠습니다. 아토피 덕택에 인내심 면에서는 누구보다도 강하다고 생각합니다. 저는 어떤 어려운 상황도 참고 견디며 자기 관리를 할 수 있습니다. 만약 제가 입사하게 된다면 힘든 상황이 닥쳐도 인내심을 가지고 차분히 해결해낼 자신이 있습니다."

같은 사실을 이야기했지만 전혀 다른 내용이다. 다른 사실이 있다면 자신을 괴롭히던 문제를 치열하게 파고들어 오히려 그 문제를 성장의 도구로 삼을 수 있었다는 것이다. 또한 아토피를 통해 얻은 인내심을 입사 후 포부와 자연스럽게 연결 지어 마무리했다. 자신의 결점을 장점으로 승화시킨 좋은 예다. 물론 말만 그렇게 하는 것이 아니라 진짜로 그렇게 느껴야 가능한 일이다. 경험보다 경험을 대하는 태도가 중요하다고 말하는 이유다. 사실 경험 자체는 아무런 의미가 없다. 경험을 밥처럼 영양분으로 소화시키는 일이 중요하다. 경험을 삶의 영양분으로 소화시키는 것은 경험을 대하는 태도다.

밥을 먹는 것은 일상의 중요한 경험이다. 물론 밥을 억지로 먹을 수도 있다. 경험도 억지로 할 수 있다. 하지만 어떤 경우든 밥을 먹는 것보다 중요한 것은 밥을 대하는 태도다. 아무리 거칠고 소박한 음식을 대하더라도 지구 저편에 있는 굶주린 사람을 생각하며 항상 감사하는 마음을 가져야 한다. 또한 내 앞에 놓인 음식은 나와 같은 생명을 앗아감으로써 나의 생명을 이어줌을 기억해야 한다. 그런 마음으로 먹는 밥은 몸과 정신을 살찌운다.

경험을 대하는 태도를 보면 그 사람이 어떤 사람인지 알게 된다. 그래서 면접관은 지원자의 경험이 아닌 경험을 대하는 태도를 본다. 힘들고 나쁜 경험도 성장에 도움이 되니, 내 앞에 닥치는 모든 경험을 감사하고 배우는 마음으로 대해야 한다. 해로운 음식을 먹어봐야 몸에 나쁘다는 걸 알게 되듯이, 나쁜 경험도 해봐야 그것이 좋지 않다는 것을 알 수 있다.

사람은 누구나 상처와 아픔이 있다. 중요한 것은 그것을 어떻게 받아들이는가이다. 극복하기로 선택했으면 치열하게 깊이깊이 들어가라. 깊이 들어가는 자가 나중에 웃는다. 요리의 재료는 좋은 재료와 나쁜 재료가 명확히 구분되지만, 인간의 경험은 수준의 차이는 있을지언정 좋은 경험과 나쁜 경험으로 구분되지는 않는다. 경험 자체로 가치가 결정되지는 않는다는 말이다. 경험의 가치는 그 경험을 바라보고 이해하는 사람의 마음에 따라 결정된다.

경험이 많다고 해서 좋은 것은 아니다. 경험이 많으면 평생을 흔들리며 살 수도 있다. 경험을 많이 하는 삶이 자신에게 맞는지, 사색을 많이 하는 삶이 자신에게 맞는지를 알아야 한다. 이것 역시 경험을 통해 알 수 있다. 그래서 젊은 시절에는 이런저런 다양한 경험을 해야 한다. 그래야 자신이 어떤 사람인지 알 수 있고, 무엇이 자신과 맞는지, 어떤 길을 걸어가야 할지 알게 된다.

경험은 씨앗이다. 경험은 생각을 낳고, 생각은 또 경험을 낳고 성장시킨다. 경험은 돈을 주고 슈퍼마켓에서 사는 것이 아니다. 하나의 경험을 대하는 태도는 또 다른 경험을 길러내는 농부이기도 하다. 그래서 경험을 대하는 태도는 농사와 비슷하다. 스스로 채소에 물을 주고 돌보며 키우는 일이다. 세상에서 가장 위대한 직업은 농업이라고 했다. 취업을 준비하는 가장 훌륭한 방법은 경험 속의 가치를 쌓아나가는 농부가 되는 일이다. 사소한 경험이라도 그 속에 있는 가치의 씨앗을 발견하고 키워 나갈 줄 아는 사람은 또 다른 경험에서 점점 더 큰 가치들을 발견할 수 있다. 이것들이 모이면 가치관이 된다. 이것이 인간이 경험을 하는 이유, 즉 살아가는 이유다.

냉정하게 말하면 경험 자체는 아무런 의미가 없다. 배낭여행, 어학연수, 프로젝트 경험, 각종 봉사 활동 등 수많은 경험들은 그 자체로서는 아무런 의미가 없다. 그래서 회사에서는 여러 경진 대회에 참여한 겉만 번지르르한 경험에 대해서는 시큰둥하다. 회사는 경험을 대하는 지원자의 태도, 삶을 대하는 자세에 관심이 있다. 우리 역시 무의식중에 사람들을 같은 방식으로 판단한다. 이는 곧 회사와 동료를 대하는 태도, 일하면서 마주치게 되는 숱한 상황들과 사람들을 대하는 태도를 말하며 업무 능력, 직무 역량으로 연결된다. 경험을 어떤 태도로 받아들이는가를 알면 지원자가 회사 생활을 어떤 태도로 할 것인지 잘 알 수 있다.

또한 특정한 경험을 대하는 태도를 보면 다른 경험을 대하는 태도를 알 수 있다. "한 나라의 위대함과 도덕성은 동물을 대하는 태도를 보면 알 수 있다"라고 한 간디의 말도 마찬가지 맥락이다. 한 대상을 대하는 태도는 곧 모든 대상을 대하는 태도다. 경험을 대하는 태도, 대상을 대하는 태도가 쌓여 일관된 체계가 되면 가치관이라고 부른다. 우리 모두는 가치관에 따라 사람을 판단한다. 경험을 대하는 태도, 대상을 대하는 태도가 가치관이다. 가치관은 삶을 대하는 태도다.

태도 만드는 법

●

죽은 것이나 다름없는 사람이 죽음을 가장 싫어한다.

J. 라퐁텐

같은 물이라도 뱀이 마시면 독이 되고 소가 마시면 젖이 된다. 같은 경험이라도 어떻게 받아들이느냐에 따라 삶이 달라진다. 하지만 남의 일에 대해서는 근사한 말로 조언해줄 수 있어도, 막상 자신의 일이 되면 마음먹었던 대로 잘 되지 않는다. 우리 모두는 그렇게 하루하루를 살고 있다. 삶이 쉽지 않은 이유는 세계 평화를 구현하기 어려워서가 아니라 매일의 일상이 생각대로 풀리지 않기 때문이다. 생각을 바꾸고 태도를 바꿔서 일상의 온갖 경험들을 젖을 만드는 물처럼 대하고 싶지만 쉽지 않다. 어떤 사람은 100번의 경험을 통해서도 경험을 받아들이는 좋은 태도를 배우지 못하지만, 어떤 사람은 단 한 번의 경험으로도 경험을 받아들이는 좋은 태도를 체득한다. 어떤 사람은 한 번의 경험을 통해 삶의 길을 찾는 반면, 어떤 사람은 천 번의 방황을 통해서도 갈팡질팡한다.

차이를 낳는 것은 깊이다. 한 권의 책을 읽더라도 마음을 두어 깊이깊이 뜻을 헤아려 읽으면 그것으로 삶을 바꿀 수 있지만, 만 권의 책을 읽더라도 건성으로 읽으면 별로 달라지는 것이 없다. 경험이든 책이든 사람이든, 세상에서 만나는 모든 것을 마주 대할 때는 깊이 들어가야 한다. 밥을 먹을 때 꼭꼭 씹어 먹듯이, 천천히 먹으면 소화도 잘되고 흡수도 잘되듯이, 삶도 깊이 있게 대하면 통찰력과 긍정의 태도와 빛나는 가치들을 얻게 된다. 크고 작은 경험이 모이면 삶을 이룬다. 그러나 역시 말이 쉽지 현실에서는 잘 되지 않는다. 사람은 쉽게 바뀌지 않기 때문이다.

배우 최민수와 고현정, 박상원, 이정재를 최고의 스타로 만든 텔레비전 드라마가 있다. 이 드라마가 방영되는 시간에는 거리에 사람을 찾아보기 힘들 정도로 시청률이 높았다(그 시절에는 인터넷 다시 보기가 없었다. 말 그대로 본방 사수였다). 바로 〈모래시계〉다. 처음으로 광주민주화 운동을 소재로 삼아 사회에 끼친 영향도 컸다. 드라마의 마지막 부분에 최민수가 "나 떨고 있니?"라는 유명한 대사를 하고 사형장으로 끌려가는 장면이 있다. 사형장으로 향하는 건물 사이를 걸어가며 하늘을 쳐다보는 최민수의 눈빛과 표정은 압권이었다.

죽기 전에 살아 있는 삶을 1초라도 더 마음에 담으려는 절실한 눈동자에 눈부시게 푸른 하늘이 쏟아진다. 고개를 드니 하늘에는 새들이 푸드덕 날아간다. 죽음 앞에서 삶의 마지막 순간을 대하는 마음은 어떨까? 사형장에 끌려가는 마지막 순간에 주인공의 눈에 들어온 하늘과 구름, 나무, 새들이 날아가는 소리, 자신의 발걸음 소리, 피부로 전해오는 바람의 느낌은 어떤 것일까? 일상에서 보고 듣고 느끼는 모든 것이 단지 그 자체만으로 내 인생에서 가장 절실한 의미로 다가오지 않을까? 그런 절실한 마음으로 삶을 산다면 이루지 못할 것이 없다. 죽음을 눈앞에 둔 순간의 마음이야말로 진짜 삶을 사는 열쇠다.

매일매일 사형장에 끌려가는 마음으로, 1초라도 더 세상의 광경을 눈에 담으려는 절실한 마음으로 순간순간의 경험을 대한다면 우리 삶은 어떻게 달라질까? 경험을 받아들이는 나의 태도가 잘 바뀌지 않는다면, 이 경험이 죽기 직전의 마지막 경험이라고 여기면 어떤 변화가 생길까?

인생의 마지막 경험이라고 해서 아쉬움 때문에 무조건 긍정적으로 보고 예찬을 하라는 것이 아니다. 최선을 다하라는 것이다. 최선을 다한다는 것은 지금 내 앞에 벌어진 내 인생의 마지막 경험을 어떻게 받아들이고 그것을 통해 무엇을 할지, 나의 온 삶을 통틀어 어떤 태도가 가장 바람직한지 선택하는 것이다. 그런 마음이라면 어떤 경험이라도 어마어마한 의미로 다가올 것이다. 세수를 하고 밥을 먹고 집을 나서는 일은 물론, 친구에게 서운한 감정이 생기고, 가족이 아파서 병원에 입원하는 일도 각별하게 느껴질 것이다.

이것이 내 인생의 마지막 경험이라면, 어떤 경험이든 할 수 있게 살아 있다는 사실에 대해 감사하게 된다. 잘못된 것을 눈감아주고, 불합리한 것을 참으며, 공정하지 못한 처우에도 감사하라는 뜻이 아니라, 그런 경험 자체를 소중히 여기라는 뜻이다. 이 경험이 마지막 내 삶을 쏟아부을 만큼 소중하다면 잘못을 일깨워주고, 불합리함을 바로잡으며, 공정한 처우 개선을 위해 노력하게 될 것이다. 감사함이란 무조건 긍정이 아니라 냉소와 무관심과 무시와 무기력의 반대말이다.

죽음을 생각하면 삶에 대해 감사하게 된다. 단지 살아 있는 것에 대해 감사할 수 있다. 영혼을 울리는 노래로 세계인에게 깊은 감동을 준 남미의 민중 가수 메르세데스 소사는, '그라시아스 아 라 비다 Gracias a La Vida(삶이여 고맙습니다)'를 열창하며 단지 망치 소리를 들을 수 있는 귀가 있어서, 흙탕물을 디딜 수 있는 발이 있어서 고맙다고 뜨겁게 외쳤다. 살아 있는 그 자체, 존재 자체에 대해 감사할 때 인간의 삶은 빛이 난다. 삶이 감사하고, 순간순간의 경험이 너무나도 감사해서, 삶과 세상을 더욱 가치 있게 만들기 위해서 최선을 다하는 것이다. 밥 먹는 일처럼 사소한 일에도 눈시울이 뜨거워질 정도로 감사할 줄 아는 사람만이 세상의 부조리와 모순에 대해서 투사처럼 진정으로 비판하고 행동할 줄 안다.

매 순간의 경험을 삶의 마지막 경험이라고 여긴다면 내 삶에 혁명이 일어날 것이다. 그러니 연습해볼 필요가 있다. 죽음을 생각해야 진짜 삶을 살아갈 수 있으니까. "역사적인 성공의 절반은 죽을지도 모른다는 생각에서 비롯되었다"고 토인비는 말했다. 우리 삶이 1년, 3년밖에 남지 않았다면 오늘, 이번 주, 올해에 어떤 일을 해야 할지 저절로 알게 된다. 바로 그 일이 우리의 인생에서 가장 소중한 일, 삶에서 가장 가치 있는 일이다.

인간은 죽음을 생각해야 삶을 제대로 살 수 있다. 삶이 얼마 남지 않은 노인들은 지나고 보니 아무것도 아니라고 말한다. 다시 태어나거나 젊은 시절로 돌아간다면 모험도 많이 하고, 아무것도 아닌 일에 매달려 살지 않을 거라고 말한다. 하지만 그들은 하지 못했다. 젊을 때는 어떻게 살아야 할지 몰라 시간이 남아돌고, 죽을 때가 되면 어떻게 살아야 하는지 알게 되지만 남은 날이 별로 없다. 학생 때는 시간은 많지만 돈이 없는데, 직장 생활을 하면 돈은 좀 있지만 시간이 없는 게 인생이다.

현명하게 사는 법은 시행착오를 줄이는 길밖에 없다. 시행착오를 줄이는 가장 좋은 방법은 먼저 산 사람들의 삶을 보는 것이다. 또한 스스로의 삶의 끝을 생각하는 것이다. 자신의 죽음을 생각하고 어떻게 죽을지 구체적으로 생각하면 오늘의 소중한 삶이 비로소 보인다.

죽음과 화해하고 죽음을 받아들이면 바로 그 순간부터 자신의 삶에서 진짜 중요한 것이 무엇인지 보인다. 도서관에 틀어박혀 학점 관리를 하고, 학원을 오가며 영어 공부를 하고, 자격증을 준비하는 것, 취업을 위해 억지로 하는 모든 것이 부질없다는 것을 죽음이 임박해서 깨닫는다면 인생이 얼마나 허무하겠는가. 죽음이 임박했을 때 도서관에서 스펙을 쌓고 싶다면, 그것이 최선이다. 죽음이 다가왔을 때 '지금은 아니야. 이럴 순 없어. 진짜 하고 싶은 것은 하나도 못했는데'라는 마음이 든다면, 아무리 가진 것이 많아도 불행하다.

진짜 자신이 원하는 것이 무엇인지 충분히 생각해보고 마음이 가는 것을 하라. 진짜 원하는 것이 무엇이지 잘 모르겠거든, 할 수 있는 것부터 하라. 할 수 있는 것부터 하나 둘 경험하다 보면 진짜 하고 싶은 것을 찾게 된다. 그래서 인간의 모든 경험은 의미가 있다. 잘 몰라도 상관없다. 부딪치고 깨지고 상처받는 시간들은 지나고 나면 모두가 값지다. 고통도 절망도 방황도 다 의미가 있다. 그러니 두려워할 필요가 없다. 생각을 복잡하게 하니까 인생이 복잡해지는 것이다.

태어나서 죽는 것이 인생이다. 천상병 시인은 "아침 먹고 바닷가에 가서 소꿉장난하다가 해지면 돌아오는 것이 인생"이라고 했다. 영원히 살 것처럼 행동하고 생각하면 뒤늦게 후회한다. 인생은 우리가 생각하는 것보다 무척 짧다. 20대를 정점으로 급속히 흐른다. 물리적 시간과 심리적 시간이 다르다는 것을 당신도 이미 깨닫기 시작했을 것이다.

독서와 토론

●

하나를 충분히 이해하려면 모든 것을 이해해야 한다.

H. 리드

정치인들이 허구한 날 싸우는 것처럼 다른 생각을 가진 이들이 서로 비난하기만 하며 세월을 보내는 건 아직도 한국의 교실에 토론식 수업이 정착되지 않은 탓일지도 모른다.

인도네시아 발리의 중학교에서는 학교 운영에 관한 중요한 사항도 학생들과 교사가 서로 토론을 통해 결정한다는 말들 듣고 놀란 적이 있다. 선진국뿐만 아니라 많은 나라의 수업은 토론식으로 진행된다. 자유롭게 서로의 생각을 나누는 과정을 통해 배우고 성장하며, 무엇보다 토론은 세상을 제대로 돌아가게 만든다. 토론 능력은 자신의 주장을 펼치기만 하는 능력이 아니라, 경청하고 말하는 과정을 통해 사람과 세상을 이해하고 배우는 능력이기 때문이다. 토론능력은 회사에서 요구하는 직무역량과 직결될 뿐 아니라, 입사지원단계에서도 매우 중요한 역할을 한다.

자기소개서 작성, 인성 면접, PT 면접, 토론 면접 등의 공통점은 지원자의 의사소통 능력을 확인하는 것이다. 자기소개서는 글을 통해, PT 면접은 프레젠테이션 형식을 통해, 토론 면접은 토론의 형식을 통해, 면접은 자기소개와 질문, 대답을 통해 지원자가 하고 싶은 말을 효과적으로 전달해야 한다.

지원자는 '나는 이렇습니다'라고 말하고, 면접관은 '과연 그럴까?'라는 생각으로 검증하는 것이 채용의 전 과정이다. 서류 전형, 면접 전형은 물론 인적성 검사, 신체검사도 마찬가지다. 지원자가 '저의 적성이 이것입니다'라고 말하는데, 그것이 정말 그런지 거칠게나마 테스트를 해보는 과정이 인적성 검사다. 신체검사는 '저는 건강합니다'라는 지원자의 말을 검증하는 단계다. 채용의 구조를 한마디로 표현하면 '지원자의 주장과 회사의 검증 과정'이다.

대화를 하든, 사랑 고백을 하든, 입사 지원을 하든, 사람이 세상을 제대로 살기 위해 갖춰야 할 조건은 두 가지다. 그것은 곧 지원자가 갖춰야 할 두 가지 자질이다.

첫째, 지원자 스스로 그렇게 생각하고 느낄 것.
둘째, 효과적이고 설득력 있게 표현할 것.

회사는 이 두 가지 조건을 갖춘 지원자를 찾는다. 두 가지를 한꺼번에 갖출 수 있는 비법이 있다. 바로 독서 토론이다.

수많은 학교에서 공식, 비공식적인 취업 동아리가 운영되고 있다. 취업 준비의 기본도 모르면서 각종 채용 정보를 공유하며 현실과 동떨어진 우스꽝스러운 모의 면접 등으로 대비하는 모습을 보면 참으로 안타깝다.

어떤 경우든 취업 준비는 지원자가 구체적이고 건전한 가치관을 만들고, 그것을 자신의 언어로 말할 수 있는 능력을 키우는 일이 기본이다. 이를 위해서 가장 효과적인 방법이 독서 토론이다. 특정한 이슈에 대해 의견을 나누는 주제 토론도 좋지만, 주제에 대한 지식과 통찰이 없는 상태에서는 자신의 입장만 고수하는 수준 낮은 토론이 될 우려가 있다. 그런 점에서 배움과 성찰이 뒤따르는 독서는 매우 유용하다. 혼자서 책을 많이 읽고 사색하는 것보다 토론을 통해 다른 사람과 생각을 나누는 일이 더 중요하다. 토론을 하면 자신의 의견을 말하고 다른 사람의 의견을 들으면서 한층 더 나아진 생각을 정리할 수 있다. 토론을 통해 다양한 관점을 수용하고 효과적으로 표현하는 연습을 하게 되므로 취업 준비에 매우 큰 도움이 된다.

토론 과정은 그 자체로 자기소개서 작성, 각종 면접에 대응하는 가장 직접적인 준비다. 독서 토론 경험이 풍부한 지원자는 면접 때 떨지 않고 자신감 있게 자신의 의견을 말할 수 있다. 취업에 임박해서 연습하는 것은 소용이 없다. 평소에 꾸준히 독서 토론 모임을 통해서 생각의 지평을 넓히고, 나의 생각을 남에게 말하고, 나와 생각이 다른 사람들과 대화하는 연습을 해야 한다. 독서 토론은 '진짜로 그렇게 느끼고 생각하며, 효과적으로 말하는 능력'을 키우는 일이다.

막막하다면 처음에는 소설로 시작하라. 문학은 인간학이라 불리고, 소설가는 인류 정신의 엔지니어라 하지 않는가? 인간의 내면에 관한 깊이 있는 사색의 산물인 소설을 통해 위대한 문학인들의 혜안을 경험하면서 자신의 삶을 비추어보라. 소설 속의 인물들을 통해 삶의 가치와 태도를 생각해보고, 다른 사람들과 의견을 나누어보라. 그 과정이 1년만 지속된다면 자기소개서에 쓸 말이 넘쳐나게 될 것이며, 면접에서 주어지는 어떤 질문에도 멋지게 대답하게 될 것이다. PT 면접, 토론 면접은 말할 것도 없다.

문학 작품과 인문, 사회 과학 서적을 읽고 다양한 사람들과 토론하며 형성된 지원자의 진지하고 구체적인 가치관은, 인사 담당자와 면접관이 궁금해 하는 지원자의 본질적 가치가 된다. 지원자의 가치는 도구로서의 가치가 아니라 인간으로서의 가치다. 인간으로서의 가치는 인문학, 문학, 사회 과학의 영역으로 표현된다. 궁극적으로 회사란 인간이라는 존재에 내재되어 있는 가치를 최대한 끌어내어 조직과 구성원, 사회에 도움이 되는 가치를 만드는 곳이다.

취업 준비를 위한 가장 좋은 방법으로 인문학을 중심으로 한 독서 토론에 힘쓸 것을 권유하는 이유는 세 가지다.

첫째, 회사의 본질적 관심사인 지원자가 '어떤 사람일까?'라는 의문에 명쾌하게 답할 수 있다. 토론 과정을 통해 '어떤 사람으로 어떻게 살아야 하는지'를 알게 되기 때문이다.

둘째, 회사에서 가장 싫어하는 가식적인 지원자가 아닌 진실하게 말하는 지원자가 될 수 있다. 인간의 가치와 인문학, 사회 과학적 소양을 통해 입사 지원의 동기와 포부를 자기화하여 표현하는 힘이 있기 때문이다.

셋째, 업무 수행의 기본 능력인 의사소통 능력을 갖출 수 있다. 토론을 통해 다양한 의견을 나누어보면, 채용의 전 과정에서 자신의 생각과 뜻을 효과적이고 설득력 있게 전달할 수 있게 된다.

이 제안에 공감한다면 독서 토론에 되도록 일찍 관심을 가지는 것이 좋다. 빠르면 빠를수록 좋다. 대학 4학년 때 시작하기에는 조금 늦다. 신입생 때 토익 공부부터 시작할 것이 아니라 양서 목록을 만들어서 친구들과 독서 토론을 하라. 독서 토론 동아리에 가입하여 독서와 토론을 일상화하라. 그런 동아리가 없다면 스스로 만들어라. 자신을 위해 필요한 일이며, 앞으로 가입할 동아리 후배들에게도 취업의 정답을 알려주기 위해 꼭 필요한 일이다. 좋은 선배라면 맹목적 스펙 쌓기로 인생을 낭비할지도 모르는 순진한 후배들을 바른길로 인도해줄 의무가 있다. 꾸준한 독서와 토론을 통해 모두 취업의 정답과 인생의 정답을 찾을 수 있을 것이라고 확신한다.

조금 더 조언하자면 토론의 주제는 문학, 사회 과학, 인문학의 영역 속에 놓여 있는 인간의 가치, 사회의 가치가 핵심이 되어야 한다. 그래야만 지원자의 가치관, 지원 동기, 포부 등을 구체화할 수 있다. 토익 공부에 들이는 정성의 10퍼센트만 독서와 토론에 쏟는다면 취업에서 그 효과는 열 배 이상 크게 나타날 것이다.

그렇게 시작하여 독서의 외연을 여러 분야로 넓혀간다면, 인생의 정답과 취업의 정답이 다르지 않다는 것을 깨닫게 될 것이다. 독서 토론은 경쟁자와 함께하면 시너지가 나서 서로가 더욱 많은 것을 얻을 수 있는, 상생의 원리가 철저하게 관철되는 과정이다. 수십 권의 책을 읽고, 수십 번의 토론을 거쳐 자신의 삶을 진지하게 고민한 지원자를 압도할 수 있는 스펙은 과연 어떤 것이 있을까? 있기는 할까? 내가 아는 한 그런 스펙은 없다. 아니, 그것이 취업을 위한 최고의 진짜 스펙 쌓기다.

면접관이 흐뭇한 마음으로 '바로 이 사람이야' 하게 되는 지원자가 가끔씩 있다. 확신도 있고 설명도 잘하는 이런 지원자는 평소에 풍부한 독서량을 바탕으로 토론을 많이 하고, 생각도 많이 한 지원자다. 여기에 자신만의 경험까지 뒷받침된다면 더할 나위 없다. 이 과정들이 바로 가치관을 확립하게 한다.

채용은 지원자의 가치관을 통해 어떤 지원자인지 확인하는 과정이다. 의미 없는 토익 900점을 포기하고 30번의 독서 토론을 하는 것이 취업과 삶에 훨씬 도움이 된다.

수십 권의 책을 읽고, 수십 번의 토론을 거쳐
자신의 삶을 진지하게 고민한 지원자를 압도할 수 있는
스펙은 과연 어떤 것이 있을까? 있기는 할까?
내가 아는 한 그런 스펙은 없다.
아니, 그것이 취업을 위한 최고의 진짜 스펙 쌓기다.

질문하기

●

만약 그 돌이 움직이지 않고 어떻게 해볼 도리가 없다면,

먼저 주변의 돌을 움직여라.

L. 비트겐슈타인

최근 모 공기업에서 계약직 근로자를 채용했는데, 채용된 근로자를 대하는 담당 과장의 태도가 매우 고압적이었다. 근로 계약서에 기재된 근무 시작일 훨씬 전부터 말도 안 되는 과도한 업무를 부과하면서 근무 시작일 전까지 완성하라고 했다. 그런데 그 일은, 일을 시키는 기관에서 만들어 근로자들에게 배포해야 할 일종의 업무 매뉴얼이었다. 자신이 해야 할 일을 업무 개시일 전에 계약직 근로자에게 넘겨 열정 페이를 강요한 것이다. 기업에서 일한 경험이 있는 한 근로자가 문제 제기를 했으나 돌아온 대답은 어처구니가 없었다. 더 작은 급여를 받고도 열정적으로 일하는 계약직 근로자들이 있는데, 일을 하게 된 것만으로도 감사해야지, 그런 안일한 정신으로 일을 하려면 그만두라는 강요와 협박이었다. 근로자 대부분이 불합리하다고 생각했지만 어쩔 수 없이 과장의 지시에 따랐다. 계약 기간이 연장되고 안 되고는 전적으로 담당 과장에게 달려 있으니, 먹고사는 문제가 우선이라고 생각했기 때문이다. 처음에 문제 제기를 한 구성원은 점차 왕따가 되었다.

이 과장처럼 자신의 업무 포지션을 권력이라고 생각하는 사람들이 아직도 많다. 그 계약직 근로자들은 현장 경험이 풍부한 전문가들이었다. 일이 훌륭히 진행되려면 수평적 관계에서 자유롭게 의견을 나누고, 계약직의 의견을 적극 수렴해서 업무에 반영해야 했으나, 담당 과장은 군 장성이 공관병이라는 이름으로 사병을 종처럼 부리듯 독단적으로 결정하고 업무 협의가 아니라 명령을 했다. 아무것도 모르는 신입 사원이더라도 업무 당사자와 함께 의논하여 좋은 의견이 있으면 반영해서 일을 진행하는 것이 업무의 기본 중의 기본이다. 자신의 입장에서 독단적, 관행적으로 처리하면 일이 제대로 진행이 안 된다. 한국의 공무원들이 노력을 많이 하여 변하고 있지만, 아직까지도 군대 조직처럼 경직된 상명하복의 조직 문화 때문에 일을 위한 일, 쓸데없는 일을 한다는 비판을 받는 이유다.

이 일을 왜 하는지, 좋은 성과를 내려면 어떻게 해야 하는지에 대해서는 뒷전이고, 알량한 권력을 휘두르며 갑질을 하는 어처구니없는 사례가 최근에 많이 드러나는 건 다행스런 일이다. 세상이 전보다 나빠진 것이 아니라 좋아지고 있다는 뜻이다. 그전처럼 가만히 있지 않고 잘못된 것에 대해 문제 제기를 하는 사람들이 각계각층에서 늘어나고 있다는 증거이니 말이다.

모든 회사가 어떤 사람이 좋은 인재인지 깊이 고민하며 최선을 다해 채용하는 것은 아니다. 모든 면접관이 자격을 갖추고 있는 것도 물론 아니다. 그래서 채용 과정에서 말도 안 되는 일을 겪기도 하고,

면접에서 사적인 질문, 해서는 안 될 말을 하여 지원자에게 모멸감을 주기도 한다. 이런 불합리한 상황에 대처하려면 회사의 채용과 면접 과정에 대한 이해가 반드시 필요하다. 면접이 어떤 일인지 모르는 상태에서는 자신이 어떤 상황에 놓여 있는지 판단이 서지 않는다.

면접관의 일거수일투족, 말 한마디 한마디를 꼬투리 삼아 비판적으로 보고, 조금이라도 문제가 있어 보이면 문제 제기를 해야 된다는 뜻이 아니다. 면접관도 실수를 할 수 있으니 너그럽게 넘어가주는 것도 좋다. 하지만 누가 봐도 노골적이고 의도적으로 직무와 상관없는 사생활이나 외모 등에 대해 집요하게 물어온다거나 하면, 곧 넘지 말아야 할 선을 넘었다고 판단되면 문제 제기를 하는 것이 좋다. 현장에서 바로 문제 제기를 할 것인지, 나중에 다른 경로를 통해서 할 것인지는 선택 사항이다.

현장에서 바로 문제 제기를 하면 함께 면접을 보는 지원자들에게 도움이 된다. '이런 상황은 문제가 되는구나' 하는 깨달음을 줄 수 있다. 문제 제기를 하면 불합격은 불을 보듯 뻔하지만 문제 제기가 옳은 일이라는 걸 알게 된다. 면접관들도 자신을 돌아보고 아무리 면접장이라도 잘못을 하면 문제가 된다는 사실을 깨닫게 된다. 면접관의 생각은 모두 같지 않다. 문제를 일으킨 면접관과 다른 면접관의 생각이 다른 경우가 많다. 당사자인 면접관은 수긍하지 않더라도 다른 면접관을 통해서 잘못된 관행이 수면 위로 떠오르고 면접 문화가 점차 바뀌게 된다. 확률은 극히 낮지만 소신 있고 당당한 지원자라며 채용이 되는 경우도 있다.

세상이 바뀌면 상식도 바뀐다. 면접장에서든, 채용 과정에서든, 입사해서 업무 수행 중에 발생하는 일이든 문제가 있을 때 무조건 참는 것이 능사가 아니다. 세상과 부딪혀봐야 나도 배우고 세상도 달라진다. 학교생활과 아르바이트 등 일상에서 겪는 문제, 나와 직접적인 상관이 없어도 사회에서 벌어지는 불합리한 일들에 대해서도 의문을 품고 질문을 하며, 필요하다고 판단되면 문제 제기를 하는 것이 좋다. 문제가 있다고 판단되면 가만히 있지 않는 대중들의 작은 목소리들이 세상을 조금씩 나은 방향으로 이끌어간다. 나라는 존재는 세상이라는 거대한 어항 속에서 살아가는 물고기와 같은 운명이니, 오염되지 않은 좋은 물을 만들기 위해서 노력하는 일은 결국 나를 위한 일이다.

춘추 전국 시대의 『열자列子』라는 책의 「양주」편을 보면 자기 몸의 터럭 하나를 뽑아서 세상을 이롭게 할 수 있다 하더라도 그렇게 하지 않겠다는 내용이 나온다. 다양한 해석으로 인해 논란의 여지는 있지만, 정작 자신의 삶은 등한시하고 사회를 위한답시고 온갖 좋은 일을 다 하는 것처럼 위선적인 삶을 살지 말고, 자기 자신 하나만을 위해서라도 제대로 살아가면 그런 진실들이 모여 세상이 저절로 좋아진다는 뜻으로도 볼 수 있다. 세상에 분노하고 문제 제기를 하며 행동하는 것은 결국 나를 위한 일이다. 건강한 상식과 주저하지 않는 행동으로 삶을 살아가는 수많은 사람들 때문에 세상은 점점 나아진다.

특히 취업 준비생들은 자신의 생각을 행동에 옮기며 겪는 경험들을 통해서 문제를 발견하고 해결하는 방법을 체득하게 된다. 자신의 생각이 항상 옳을 수는 없겠지만, 행동하고 부딪히는 경험을 통해서 배우고 성장할 수 있다. 이런 종류의 경험은 무엇과도 바꿀 수 없는 중요한 삶의 자산이다. 또한 좋은 자기소개서를 쓰고 면접을 잘 볼 수 있는 힘이 되며, 입사 후에는 업무 개선, 문제 해결 능력 등의 역량으로 이어진다. 세상일에 의문을 제기하고 질문하며 개선하려는 행동은 그 무엇보다 효과적인 취업 준비 전략이다.

당장 문제 제기를 할 만한 상황이 아니라면 시간을 두고 준비해서 적당한 때에 하는 것도 현명하다. 앞에서 예로 든 공기업 과장의 갑질 횡포는 해결되었다. 계약직 근로자는 업무를 하면서 불합리한 것들을 꼼꼼히 기록하며 적당한 때에 문제 제기를 할 준비를 했다. 또한 공론화시키기 전에 여러 경로를 통해서 조직 내부에 문제점을 알렸다. 그 결과 담당 과장의 태도는 점차 바뀌었다.

이런 작은 노력과 변화들이 사회를 바꾸는 원동력이다. '일이 잘 진행될 수 있도록, 더 나은 조직을 만들도록, 더 나은 사회를 만들기 위해서'와 같은 거창한 동기는 굳이 필요 없다. 불합리한 일로 인해 나에게 피해가 오니 나를 위해 문제 제기를 하는 것이다. 단 해당 조직에 문제 제기를 할 때는 개인감정은 배제하고 일을 중심으로 업무의 합리성과 성과에 초점을 맞추어야 한다. 그렇게 하면 대부분

모든 인간은 존재론적 차원에서 세상에서
하나밖에 없는 소수자다.
나의 삶을 위해 뭔가를 대신 해줄 타인은 없다.
스스로 해야 한다. 연대도 좋다.
소수의 다양한 목소리에 귀를 기울이며 함께
해주려는 사람들이 점점 많아지고 있다.
아닌 건 아니라고 당당하게 말하고
행동하는 사람들 덕분이다.

의견이 수용된다.

　나의 생각, 나의 문제 제기에 다수가 공감을 해줄까 걱정할 필요는 없다. 설사 소수 의견이라고 해도, 세상에는 생각이 다양한 사람들이 함께 살아가고 있다는 걸 보여주는 것만으로도 의미가 있다. 침묵하는 다수도 문제지만, 침묵하는 소수도 문제다. 침묵하면 점점 소수가 되어 사람들의 관심에서 멀어져 잊힌다.

　사람들은 자신이 다수에 속한다고 착각하며 살아간다. 그러나 모든 인간은 존재론적 차원에서 세상에서 하나밖에 없는 소수자다. 나의 삶을 위해 뭔가를 대신 해줄 타인은 없다. 스스로 해야 한다. 연대도 좋다. 소수의 다양한 목소리에 귀를 기울이며 함께 해주려는 사람들이 점점 많아지고 있다. 아닌 건 아니라고 당당하게 말하고 행동하는 사람들 덕분이다.

　입사 지원을 하면서 회사와 면접관 앞에서 비굴해져서는 안 된다. 그동안 살아온 자신의 삶을 걸고 당당하게 소신을 밝히는 지원자가 인정받는 사회를 만들어 나가야 한다. 면접이 마무리되면, 시간에 쫓기는 상황이 아니라면 면접관은 통상 질문이나 궁금한 것에 대해 얘기해보라고 면접자들에게 말한다. 그때는 침묵만 지키지 말고 좋은 기회라고 여기며 적극적으로 주어진 시간을 활용하는 것이 좋다. 제대로 하지 못한 대답을 정리해서 다시 말한다든지, 면접 때 아쉬운 점을 짧은 자기소개로 보완한다든지 하면 좋다.

　만약 그냥 넘어가서는 안 될 것 같은 일이 있었다면 마지막 질문

시간을 이용하는 것도 좋다. 예의를 갖춰서 정중하게 나는 이렇게 생각하는데, 내가 놓치고 있는 부분이 있을 수도 있으니 면접관들의 생각이 궁금하다고 정중하게 물어보는 형식을 취하면 좋다. 내용은 뚜렷한 소신과 문제 제기라는 송곳이 들어 있으나, 말하는 형식은 부드럽고 정중하게 상대방을 배려하는 태도를 보여주는 것이 핵심이다. 상식적인 면접관이라면 지원자의 문제 파악 능력, 문제 해결 능력, 의사 표현 능력, 문제 해결 방식 등을 통해 매력적인 지원자라고 생각할 것이다. 군대처럼 무조건적으로 눈치를 보며 지시에만 따르는 지원자는 회사에도 도움이 되지 않는다. 소기의 목적을 달성하지 못하고 결과가 좋지 않아도 잃는 것보다 얻는 것이 많다. 사는 대로 생각하는 삶보다는 생각하는 대로 살아가는 삶이 훨씬 행복하다.

인상이란

●

깊은 강물은 돌을 집어 던져도 흐려지지 않는다.
모욕을 받고 이내 발칵 화를 내는 인간은 조그만 웅덩이에 불과하다.

톨스토이

쌍꺼풀 같은 가벼운 성형 수술은 말할 것도 없고 취업을 위해서 본격적으로 얼굴에 투자하는 학생들이 늘고 있다. 피부 관리는 기본이다. 모두 다 좋은 인상을 보여주기 위해서다. 강의 중에 한 학생이 질문을 해왔다.

"성형 수술을 하면 면접 볼 때 도움이 될 것 같은데, 하는 게 좋을 까요?"

망설이지 않고 바로 답해주었다.

"하세요."

학생들의 눈이 동그래졌다. 좀더 구체적으로 말해주기를 바라는 궁금한 눈들 때문에 성형과 이미지 메이킹에 대한 이야기를 시작 했다.

"성형 수술은 확실한 효과가 있습니다. 수술 결과가 성공적이면 아침에 일어나서 거울을 볼 때마다 흐뭇할 겁니다. 달라진 얼굴을 바라보면 기분이 좋아지니까요. 하루를 기분 좋게 시작하니 인상이 좋아질 수밖에 없습니다. 인상이 좋아지니 면접에 분명히 도움이 됩 니다. 그러니까 열심히 돈을 모아서 성형 수술하세요. 그런데 중요 한 점이 있습니다. 인간은 습관의 동물입니다. 처음에는 달라진 얼 굴에 기분이 좋아서 인생이 바뀐 것처럼 하루하루가 새로워지고, 만 나는 사람마다에게 화사한 미소를 보여줄 수 있지만, 시간이 지나 면 익숙해지게 마련입니다. 얼굴이 바뀌었지만 바뀐 얼굴을 보고 더 이상 감동하지 않게 됩니다. 익숙해지는 거지요. 그럼 아침에 눈을 뜰 때도, 사람을 만날 때도 예전처럼 시큰둥하게 됩니다. 기분 좋은 마음이 가라앉을 때쯤이면 좋아졌던 인상도 예전으로 돌아갑니다.

인상은 골격이나 근육, 피부 상태 등의 물리적 구조와는 다른 별개의 느낌이니까요. 성형 수술이 잘되면 자신감도 생기고 인상도 좋아지지만 그 효과가 오래 가지 않는다는 점이 문제입니다. 성형을 꼭 해야 할 경우도 있지만, 꼭 필요하지 않다면 가능한 한 하지 않은 게 좋습니다. 왜냐하면 성형 효과가 면접 때까지 오래 가지 않고, 효과가 없어지기 전에 면접을 보게 되었다고 해도 자기 얼굴이 자신에게 충분히 익숙하지 않기 때문에 면접관에게 어색한 느낌과 인상을 심어줄 수 있습니다."

면접에서 가장 중요한 판단 기준은 무엇일까? 객관적인 스펙일까? 인성일까? 아니면 인상일까? 질문에 대답도 잘하고 인성도 훌륭해 보이는 지원자가 인상이 좋지 않다면 결과는 어떻게 될까? 회사에서는 인상이 나쁜 지원자를 채용할까? 회사는 인상이 나빠도 스펙이나 인성이 좋다고 판단되면 채용할까?

스펙보다 중요한 것은 인성이고, 인성보다 더 중요한 것은 인상이다. 인상이 좋지 않으면 어떤 경우든 결과는 비관적이다. 인상이 좋으려면 어떻게 해야 할까? 성형 수술 말고 다른 대안은 없을까?

대학교 4학년 때 철학과에 '주역 사상 특강'이라는 과목이 개설되었다. 사주를 보는 방법을 가르쳐주는 과목이었다. 학생들이 구름 떼처럼 몰릴 정도로 인기가 있었다. 첫 수업 때 교수님이 하신 말씀을 아직도 잊을 수가 없다.

"여러분이 제 수업을 듣고 친구나 가족의 사주, 궁합 등을 봐주며 어떤 이야기를 해도 좋습니다. 하지만 그전에 반드시 해주어야 할 말이 있습니다. 나와 약속하십시오. 사주는 통계학이기 때문에 확률적으로 맞는 경우가 많습니다. 그런데 사주보다 더 정확한 것은 관상입니다. 사주를 나쁘게 타고나도 관상이 좋으면 잘살게 됩니다. 그래서 사주보다 관상이 훨씬 더 정확합니다. 그런데 관상은 심상에 의해서 바뀝니다. 여러분이 만나는 사람들에게 이 이야기를 반드시 한 다음 사주 풀이를 해줄 것을 약속해주십시오."

사주보다 더 정확해서 운명을 펼쳐나가는 잣대인 관상을 결정짓는 심상이란 바로 마음가짐이다. 마음가짐, 즉 삶에 대한 태도와 생각에 의해서 얼굴이 바뀐다는 말이다. 얼굴이 바뀌면 운명이 바뀐다. 텔레비전 프로그램인 '서프라이즈'에도 소개된 얼굴과 마음가짐에 대한 유명한 이야기가 있다.

레오나르도 다 빈치가 '최후의 만찬'을 주제로 대작을 그릴 때 예수의 얼굴을 표현할 모델을 찾았다. 수소문 끝에 예수가 재림한다면 바로 저런 얼굴일 거라는 확신이 들 정도로 성스러운 얼굴의 한 청년을 찾았다. 흡족한 마음으로 청년을 모델로 예수의 얼굴을 그렸다. 그리고 몇 년의 시간이 지난 뒤 이번에는 그림의 마지막 인물인 가룻 유다의 모델을 찾았다. 정말 어렵게 시장 한구석에서 비열한 배신자의 모습을 한 청년을 발견하고 매우 기뻤다. 그러나 곧 화가는 깜짝 놀랐다. 그 청년은 바로 몇 년 전에 그린 예수의 모델이었던 것이다.

"삶이란 폭풍이 지나가기를 기다리는 것이 아니라 비와 함께 춤을 추는 것이다."

스물세 살까지 여덟 번이나 암에 걸린 한 소녀가 한 말이다.*

일상생활 속에서 우리는 늘 스트레스를 받는다. 뉴스를 봐도 스트레스, 집에서 부모님 얼굴을 봐도 스트레스, 학교에서 교수님을 보면 또 스트레스, 버스를 기다려도, 친구를 기다려도 순간순간 온갖 종류의 스트레스로 짜증이 나고 화가 난다. 일상의 스트레스를 비라고 여기며, 비를 맞으며 춤추는 연습을 해보면 어떨까? 골칫거리인 스트레스를 자기 트레이닝의 기회로 삼아, '나의 인상을 더 좋게 할 기회가 왔구나!' 라는 마음으로 주위 사람에게 밝은 표정, 온화한 미소, 긍정적인 말을 해보면 어떨까? 화를 대하는 태도는 자신을 성숙시키는 좋은 도구인 동시에 인상을 좋게 가꾸는 취업 준비의 훌륭한 방편이다. 장담하건대 3개월 안에 인상이 좋아질 것이다.

긍정적으로 변하라고 해서 무조건 수용하는 태도를 가지라는 말은 아니다. 긍정적인 삶의 태도를 가지되 세상에 대한 비판적인 태도는 잃지 말아야 한다. 비판적인 태도는 개인과 사회가 진보하는 원동력이다. 긍정적인 태도 속의 비판 정신, 얼마나 멋진가? 청년들은 아직 안면 근육이 많이 굳어 있지 않기 때문에 그렇게 몇 달만 지나면 얼굴이 바뀐다. 얼굴이 환하고 항상 긍정적이니 자연히 주위에

* 《나에게도 서른 살이 온다면》, 양제니, 쌤앤파커스

사람들이 많다. 면접을 보게 된다면 면접관은 그런 지원자를 대하는 순간 '함께 일하고 싶은 사람이다!' 라는 확신을 갖게 된다.

일상적인 삶에서 자신이 처한 상황을 대하는 태도를 바꾸면 마음이 바뀌고, 마음이 바뀌면 생각이 바뀌고, 마음과 생각이 바뀌면 얼굴이 바뀌고, 말이 달라진다. 결국 삶이 달라지고 운명이 달라진다.

회사는 함께 일하고 싶은 사람을 채용한다. 비결은 간단하다. 누가 봐도 함께 일하고 싶은 마음이 생기는 괜찮은 사람이 되는 것이다. 그 첫걸음으로 짜증나는 상황을 정신적 성장의 도구로 삼자. 그러다 보면 낮은 스펙, 핸디캡은 물론이고 자신을 가로막는 모든 장애물을 훌쩍 뛰어넘은 자신과 만나게 될 것이다. 100일 뒤에 엄청나게 성장한 자신의 모습을 보고 놀라고, 자신을 상품화하는 취업 같은 것은 돌아보지 않을지도 모른다. 그렇게 되더라도 전혀 걱정할 필요가 없다. 어디선가 당신의 진면목을 아는 이들이 같이 일해보자고 끊임없이 연락할 테니까.

진리는 언제나 가장 단순하고 가까운 곳에 있다는 사실을 기억하라. 면접을 잘 보고 잘 살고 싶으면 성형 수술을 꼭 할 것을 권한다. 세상을 수술 도구와 성형외과 의사라고 생각하고 마음을 성형하라. 세상을 바라보는 마음을 바꾸면 얼굴도, 삶도 달라진다. 세상을 향해 화를 내며 등을 돌린다고 세상은 달라지지 않는다. 비를 맞으며 춤추는 법을 연습하면 세상도 나의 리듬에 맞춰 춤을 출 것이다. 게다가 부작용도 없고 싫증도 나지 않는다. 그런데 막상 해보면 그것이 얼마나 어려운 일인지 깨닫게 될 것이다. 단순한 진리지만 너무나 어렵기 때문에 대부분의 사람은 변하지 않는다. 그러나 기적의 열매는 포기하지 않고 치열하게 매달리는 이들의 몫이다.

2 잘 산다는
  것이란?

부모

●

결혼에 관한 한, 부모는 자식들보다도 경솔하고 맹목적이다.

J. 사르돈

중요한 선택을 앞두고 종종 부모와 의견이 달라 갈등이 생긴다. 각자가 고유한 개성을 타고났고, 경험과 생각이 다르니 당연한 일이다. 부모와 갈등이 전혀 없었다면 부모가 초인이거나, 자녀가 자신만의 생각이라는 걸 한 번도 해보지 않았다는 뜻이다. 방문을 닫고 혼자 있어도 어제의 생각과 오늘의 생각이, 5분 전의 생각과 5분 후의 생각이 서로 부딪히는데, 부모와 서로 양보할 수 없는 생각의 차이로

싸우는 건 당연하다. 사소한 의견 차이로 인한 부모와의 갈등은 반복되는 지루한 일상을 한 번씩 돌아보게 만드는 작은 파도니 오히려 반가워할 일이다. 양말을 신고 외출을 하든, 맨발로 외출을 하든 크게 문제되는 것이 없으니 사소한 부분은 부모 뜻을 따라도 된다. 하지만 진로나 결혼과 같은 삶의 중요한 선택에서 부모와 의견이 달라 갈등이 생길 때는 좀더 심각해진다.

요즘 젊은 세대는 대체로 개성이 뚜렷하고 주관이 강해서 진로와 같은 문제로 부모와 갈등이 생길 때 자신의 결정을 굽히지 않을 거라고 생각했는데, 의외로 자기 생각을 접고 부모의 의견을 따르는 경우가 많았다. 대개 자녀가 한두 명이고, 부모가 자녀에게 헌신적으로 관심을 쏟은 결과일까?

부모가 항상 뭔가를 챙겨주고, 대신해주고, 결정해주어서 스무 살이 훨씬 넘은 나이에도 부모가 없으면 일상생활을 독립적으로 하지 못하는 경우를 많이 보았다. 부모가 대학까지 찾아와 자녀 대신 성적에 이의를 제기하고, 회사의 면접장에 부모가 같이 들어와서 답변도 대신했다는 믿을 수 없는 뉴스도 나온다. 물론 어릴 때부터 독립적으로 자라서 어린 나이에도 어른보다 더 어른스러운 경우도 있다.

삶의 중요한 선택에서 부모의 뜻을 따르는 경우는 두 가지다. 하나는 독립적이고 어른스러워서 스스로의 결정으로 자신이 진짜 하고 싶은 일을 잠시 미루거나 포기하고 부모의 뜻을 따르는 경우다. 다른 하나는 스스로 생각하고 결정하는 힘이 없어서 아이처럼 부모의 뜻을 따르는 경우다. 휴학을 하고 싶을 때, 학교를 그만두고 싶을 때, 새로운 일을 하고 싶을 때, 직업이나 회사를 선택할 때, 사랑하는 사람이 생겼을 때, 독립하고 싶을 때, 직장을 그만두고 싶을 때, 몇 달 여행을 다녀오고 싶을 때 등 인생에서 중요한 선택을 앞두고 부모와 갈등이 생겼을 때 명쾌한 답이 있으니 이제 더 이상 고민하지 말자.

부모와 갈등이 생겼을 때는 어떤 선택이 진정한 효도인지를 생각하면 답이 분명해진다. 가장 큰 효도는 무엇일까? 동서고금을 막론하고 모든 부모가 자녀에게 궁극적으로 원하는 것은 자녀가 행복하게 사는 것이다. 곧 효도 중에 최고는 내가 행복하게 사는 것이다. 그렇다면 답은 분명하다. 어떤 선택이 나의 행복을 위한 일인지 생각하면 된다. 아무리 부모가 반대를 하고 화를 내도 이 선택이 내 삶을 위한 선택, 내 행복을 위한 선택이란 확신이 들면 내 결정대로 밀고 나가면 된다. 그것이 진짜 효도다.

인생이 달린 중대한 상황에서는 부모의 뜻을 거역하면 불효, 따르면 효도라는 어리석은 접근을 하면 안 된다. '정말 내가 원하는 것인가'라는 물음에 답하는 것이 중요하다. 그 선택으로 인한 결과는 걱정할 필요가 없다. 결과가 나타나는 데는 시간이 걸린다. 빠르면 몇 달, 몇 년, 몇십 년이 걸리기도 한다. 그러니 결과는 생각하지 않는 것이 좋다. 과정을 소중히 여기며 행복하게 사는 것이 현명하다. 선택의 결과, 삶의 결과를 걱정하며 사는 것은 어리석다. 삶의 최종 결과는 우리 모두가 알고 있듯이 죽음이다.

선택의 결과를 확률적, 논리적으로 생각해도 마찬가지다. 부모의 말을 따르지 않는다면 당장은 관계가 불편해지겠지만 결과가 좋다면 내가 행복하고, 내가 행복하게 살아가는 모습을 보면 부모도 행복하다. 결과가 좋지 않더라도 나는 여전히 행복하게 살 수 있다. 행복이란 자신이 원하는 것을 스스로 선택하고 그 길을 걸어가며 겪게 되는 좌절과 성취 속에서 느끼는 지속적인 감정이기 때문이다. 원하는 결과가 나오지 않은 것은 부모의 말을 듣지 않은 탓이 아니라 나의 선택 때문이고, 과정에 최선을 다했다면 행복한 시간이 되었음이 분명하고, 그런 경험은 앞으로의 삶에 큰 도움이 되니 역시 잘한 선택이다.

내 생각을 접고 부모의 의견을 따랐을 경우, 결과가 나쁘다면 내가 불행한 삶을 산다는 뜻이니 불효다. 나에게도 좋지 않고, 부모에게도 좋지 않다. 부모를 원망하다가 평생 나쁜 관계로 지낼 수도 있다. 만약 결과가 좋아 부모의 뜻대로 겉으로 볼 때 안정적인 삶을 살고 있다고 해도, 내가 원하는 삶이 아니라 부모가 원하는 삶을 살고 있다는 문제가 남는다. 세월이 흐를수록 선택하지 않은 길에 대한 아쉬움과 미련이 남을 가능성도 크다.

스스로 결정하지 못하는 자식을 보는 부모의 마음은 항상 불 앞의 아이처럼 걱정되고, 아무리 나이가 들어도 보살펴야 할 대상으로 여기게 된다. 최대한 빨리 정신적, 물리적으로 독립해서 스스로의 힘으로 잘 살아가는 모습을 보여주는 것이 자식 된 도리며 바른 효도다. 그런 자녀를 보는 부모는 안심이 되고 행복하다.

인간은 살면서 수많은 선택을 하게 되고, 그 선택으로 많은 것이 달라진다. 자신의 선택에 책임을 지고 후회를 줄이려면 '나의 선택'이 전제가 되어야 한다. 삶의 중요한 선택을 스스로 결정하지 않고 다른 사람에게 맡기는 것은 매우 무책임한 일이다. 자신이 선택한 일에 매진하고 결과를 책임지는 법을 배워야 사회의 당당한 구성원으로 인정받으며 살아갈 수 있다. 그럴 때 지속적인 성취도 이룰 수 있다. 무엇보다 확률적으로 인간은 마음이 가는 일을 선택했을 때 결과도 좋다. 자신의 마음을 따르는 것, 마음 가는 일을 선택하는 것, 일시적인 충동이 아니라면 그것이 진짜 효도다. 내가 행복해질 가능성이 크기 때문이다.

사막과 길

●

모든 인간은 오늘날에도 노예와 자유인으로 나뉜다.
자기를 위해서 하루의 3분의 2를 갖고 있지 않은 자는 노예다.

F. W. 니체

조르바는 말했다.

"두목, 인간은 참 불쌍한 존재예요. 모든 인간이 외줄 타기를 하고 있어요. 외줄 위에서 도대체 뭘 어떻게 해야 할지 몰라 고민하며 줄

위를 왔다 갔다 하고 있어요. 뭔가 잘못되었다고 생각해서 내린 결론은 줄의 반대 방향으로 가는 게 고작이에요. 거기서 잘못되었다고 생각하면 또 반대 방향으로 가죠. 평생을 그렇게 외줄 위를 왔다 갔다만 하다가 죽는 게 바로 인간이에요. 바보 같은 인간은 발을 디디고 있는 줄의 높이가 땅에서 1미터도 안 된다는 사실을 몰라요. 줄위에 서서 땅을 보니 엄청 높아 보이거든요. 두려움에 뛰어내릴 용기가 없는 거예요. 그냥 딱 두 눈 질끈 감고 줄에서 뛰어내리면 그만인데 그걸 못해요. 한순간만 마음먹으면 땅에 발을 디디게 되고, 걸어서 어디로든 갈 텐데 그걸 못해서 평생을 벌레처럼 줄 위를 왔다 갔다 하죠. 그래서 인간은 참 불쌍해요."

앞으로 세상을 어떻게 살아야 할지 막막한가? 지금은 크고 작은 계획을 세워서 나름대로 열심히 살고 있지만 더 먼 미래를 생각하면 막막한가? 얼마 전까지는 마음먹은 진로가 있었는데 지금은 뭐가 뭔지 헷갈리고 막막한가? 지금까지 살면서 한 번도 막막하지 않았던 적이 없었는가? 막막해보지 않은 사람은 불행한 사람이다. 정말 제대로 된 자신만의 진로를 찾으려면 먼저 막막해져야 한다. 막막함 속에 자신의 진짜 적성과 진로와 천직이 있다.

평소에 진로라는 말을 들으면 머리에 어떤 이미지가 떠오르는가? 잘 모르겠거든 진로, 삶, 미래, 계획, 자기 계발, 경쟁 등과 같은 단어들도 함께 생각해보라. 어떤 이미지가 떠오르는가? 아직 이미지가 떠오르지 않는가? 보기를 주겠다. 진로라는 단어를 생각하면 '길'의 이미지가 떠오르는가, '사막'의 이미지가 떠오르는가? 만약 사막의 이미지가 떠올랐다면 조금 전에 '막막'이라는 단어를 여러 번 읽었기 때문일지도 모른다.

진로와 연관된 이미지를 선택하라고 하면 대다수의 사람이 '길'을 떠올린다. 공부를 하고 취업 준비를 하고 자기 계발을 하고 미래를 위해 무언가를 하는 것은 종종 길에 비유된다. 하지만 길에는 진로가 없다. 길 위의 삶은 두 가지 선택밖에 없다. 전진 아니면 후진이다. 가만히 있어도 후진이다. 남들이 전진하고 있으니까. 의도적으로 후진하는 사람은 별로 없다. 모두들 앞으로만 가려고 한다. 누구보다도 앞서가려고 한다. 그래서 인생을 마라톤에 비유하기도 한다. 모두가 경쟁적으로 자기 계발을 하며 앞으로 나아가니까 가만히 있으면 금방 뒤처진다. 그것이 두려워서 나도 열심히 앞으로 나아간다.

전진, 후진, 정지만 선택할 수 있는 길에서는 '진로'라는 단어가 존재할 수 없다. 진로는 여러 가능성을 전제로 한다. 한 사람의 인생에서 어떤 직업을 가지고 어떻게 살아갈지를 결정짓는 진로 선택에서는 선택할 수 있는 것이 많으면 많을수록 좋다. 하지만 길 위에서는 선택의 여지가 거의 없다. 길은 한 인간의 가능성의 싹을 잘라버리는 나쁜 역할을 한다.

진로는 길이 아니다. 진로는 사막이다. 사막 한가운데에 서 있는 막막함이 모든 가능성을 열어준다. 그러니 두려워하지 마라. 어떤 진로를 선택해야 할지 고민이 된다면, 아무리 생각해도 뾰족한 수가

진로는 길이 아니다. 진로는 사막이다.
사막 한가운데에 서 있는 막막함이 모든 가능성을 열어준다.
그러니 두려워하지 마라. 어떤 진로를 선택해야 할지 고민이 된다면,
아무리 생각해도 뾰족한 수가 떠오르지 않는다면,
지금까지 해왔던 일, 걸어왔던 길을 모두 버려라.
길에서 벗어나라.

떠오르지 않는다면, 지금까지 해왔던 일, 걸어왔던 길을 모두 버려라. 길에서 벗어나라. 진로는 길의 선택이 아니다. 인생은 외줄 타기가 아니다. 외줄처럼 자신 앞에 놓여 있는 하나의 길이 자신의 진로라고 생각하는 삶은 불행하다. 어떤 선택을 할지 궁금하면 길에서 벗어나 두 눈을 크게 뜨고 천천히 한 바퀴 돌아보라. 눈으로 보이는 360도의 모든 방향이 우리의 진로다. 전진만 강요받는 길에서 벗어나는 사람만이 진정한 자신의 진로를 찾을 수 있다.

"인생은 경험이다. 경험이 많을수록 인생은 더욱 훌륭하다."

에머슨의 말이다. 길 위에 서 있는 사람보다는 길에서 벗어난 사람이 더 많은 경험을 할 수 있다. 다채로운 경험을 한 사람은 자신의 진로를 더 잘 찾을 수 있다. 길에서 벗어나는 길이 진로를 찾는 길이다. 적성 검사의 결과지로 이제 진로를 선택했으니 열심히 준비해야겠다고 생각하는 사람은 불행하다. 사람의 잠재된 가능성은 아무도 모른다. 젊은 시절에 해야 할 일은 정말 자신에게 맞는 일, 하고 싶은 일이 무엇인지 찾기 위해서 모든 가능성을 열어두는 것이다. 수많은 경험을 하며 자신을 되돌아봐야 한다. 그러다 보면 일관된 방향을 발견하게 되고, 그것이 자신만의 길, 진로가 된다.

평생 자기 길을 찾지 못하는 사람들이 주위에 참 많다. 체념 섞인 목소리로 '그냥 이렇게 사는 거야'라는 그들의 말을 듣지 마라. 비겁한 변명일 뿐이다. 사람들이 만든 길에서 벗어나면 자신만의 진로를 찾게 된다. 사랑하는 사람의 반대, 부모님의 반대로 길에서 벗어나는 것이 정 힘들면 길 위를 걸어가더라도 머릿속에 길의 이미지를 지워버려라. 나는 지금 이 길을 걸어가지만 언젠가는 내가 꼭 원하는 것을 찾겠다고 다짐하라. 그렇지 않으면 퇴직 등을 통해 생활이 바뀌고 나서 후회한다. 준비가 되어 있지 않기 때문이다. 퇴직금으로 식당, 치킨 집을 차려서 망하는 사람이 그리도 많은 이유다.

'나의 진로와 미래는 정해지지 않았다. 나는 사막 한가운데 서 있다. 막막하다. 막막하니까 발길 닿는 곳, 마음 내키는 곳 어디로든 갈 수 있다. 나의 가능성은 무한대로 열려 있다. 나는 나의 미래를 고정관념에 의해 규정짓지 않는다. 나는 아무것도 두려워하지 않고, 모든 것을 선택할 수 있다. 나는 자유롭다.'

이렇게 생각하며 흰머리가 생기기 전까지 자신이 원하는 길을 찾고 발견하고 만들어가라. 이미 원하는 길을 찾았다면 그 길을 가면 된다. 하지만 조심하라. 원한다고 믿어서 그 길을 가는 것인지, 그 길을 가지 않고서는 미칠 것 같아서 그 길을 가는 것인지 냉정하게 봐야 한다. 의무감에 선택한 길은 자신의 길이 아니다. 자신만의 길을 찾지 못했다고, 자꾸만 늦어진다고 걱정할 필요는 없다. 30세 이전에 진정으로 원하는 것을 찾는다면 절반은 성공한 삶이고, 죽기 전에 찾아도 그럭저럭 괜찮은 삶이다. 대다수의 사람이 진짜 원하는 것, 진짜 자신의 직업을 찾지 못하고 저승에서도 진로를 걱정한다. 이미 만들어진 길을 걸어가는 것이 진로라고 믿은 탓이다.

명심하자. 자신의 진짜 진로는 모든 가능성이 열려 있는 막막한 사막의 모래밭에서 피어나는 한 송이 꽃과 같다. 사람들은 사막에서 피어난 꽃을 보고 경탄한다. 사람은 사막의 꽃이 될 수도 있고, 달리다가 펑크가 나서 교체된 고속도로 위의 타이어가 될 수도 있다. 선택은 당신의 몫이다.

조르바는 그리스에 실존했던 할아버지다. 그리스의 대문호인 니코스 카잔차키스의 친구며, 삶의 스승이기도 하다. 카잔차키스는 조르바에게서 인생을 배웠다고 한다. 하지만 카잔차키스는 너무 많이 배웠기 때문에 지식이 머리에 꽉 차서 조르바처럼 살지 못했다고 실토했다. 카잔차키스는 조르바와 함께 했던 시간들을 『그리스인 조르바』라는 책으로 펴냈다. 책을 읽어보면 조르바는 문제가 많은 인물이다. 특히 여성관이 그렇다. 19세기에 살았던 할아버지라서 그렇다. 하지만 배울 점도 있다. 제대로 교육을 받지 못한 120년 전의 시골 할아버지에게서 뭔가를 배울 수 있다는 건 세상 만물을 통해 내가 성장할 수 있다는 뜻이기도 하다.

『그리스인 조르바』에서 조르바는 이렇게 말한다.

"두목, 어려워요. 아주 어렵습니다. 그러려면 바보가 되어야 합니다, 바보. 아시겠어요? 모든 걸 걸어야 합니다. 하지만 당신에게는 좋은 머리가 있으니까 잘은 해나가겠지요. 인간의 머리란 식료품 상점과 같은 거예요. 계속 계산합니다. 얼마를 지불했고 얼마를 벌었으니까 이익은 얼마고 손해는 얼마다. 머리란 좀 상스러운 가게 주인이지요. 가진 걸 다 쥐고 걸어볼 생각은 않고 꼭 예비금을 남겨두니까.

이러니 끈을 자를 수도 없지요. 아니, 아니야! 더 붙잡아 맬 뿐이지. 끈을 놓쳐버리면 머리는 그만 허둥지둥합니다. 그러면 끝나는 거지. 그러나 인간이 이 끈을 자르지 않을 바에야 살맛이 뭐 나겠어요?"

살맛 나는 인생? 쉽다. 당신을 조롱하는 외줄에서 뛰어내리면 된다. 두려워하지 마라. 높이는 1미터밖에 안 된다. 땅에 발을 디디는 순간 가슴이 벅차오른다. 바로 그 심장의 고동 소리가 꿈에 그리던 당신의 진로다. 사람들은 그것을 후회 없는 삶이라고 부른다. 걸어가야 할 '길'을 찾기 위해 방황하지 마라. 당신이 마음을 내어 내딛은 한 발자국, 한 발자국이 바로 당신의 길이다. 마음이 담긴 시선과 꾸물거리는 발가락이 향하는 그 땅이 바로 당신의 진로다.

성공

●

**불만을 갖는 것은 그 사람뿐만 아니라
국민 전체의 진보를 이루어주는 첫걸음이다.**

오스카 와일드

'청년 실업'이라는 말은 청년들이 취업 준비를 열심히 하지 않아서, 스펙 관리를 하지 않아서 생겼을까? 아니면 폭발적인 인구 증가로 인한 청년들끼리의 격화된 경쟁 탓일까?

지혜로운 사람들은 청년 실업에 담긴 의미를 안다. 그 속뜻은 시대가 바뀌었다는 말이다. 청년 실업의 원인은 청년들의 불성실한 취업 준비 때문도, 경기 침체 때문도 아니다. 문제를 해결하려면 원인을 찾아야 하는데, 원인이 아닌 결과에만 채찍질을 가하니까 달리던 말이 지쳐서 쓰러질 지경이다. 우리는 평생 앞만 보고 냅다 뛰어야 하는 운명을 타고난 경주마가 아니다.

이 땅의 모든 청년이 자신의 소중한 삶을 갈아 넣는 맹목적인 취업 준비를 거부하고 그 시간에 각자 하고 싶은 일을 한다면 어떤 일이 벌어질까? 기업의 채용이 줄어 취업하기가 더 힘들어질까? 그렇지 않다. 청년들이 취업 준비를 하든, 하지 않든 회사의 채용 인원은 달라지지 않는다. 청년들의 숫자가 300명인데 기업이 뽑아야 할 인원이 100명이라면 청년들이 어떤 선택을 하든 기업은 100명을 뽑는다. 취업 준비에 온 삶을 바쳐도 200명이 탈락하고, 취업 준비를 전혀 하지 않아도 200명이 탈락한다. 취업 준비에 삶을 걸었다면 탈락한 200명은 절망에 빠진다. 취업 준비에 삶을 걸지 않았다면 탈락한 200명은 여전히 하고 싶은 것을 하며 자신만의 삶을 가꾸며 살아갈 수 있다. 어떤 선택이 현명할까? 왜 우리는 확률적으로 뻔히 정해진 절망의 강으로 스스로 뛰어들어 허우적거리며 경쟁하는 삶을 살까?

모든 인류의 역사에서 권력을 가진 자들의 필수 아이템은 '적'이었다. '적'은 강력한 권력 유지 수단이었다. 상식이다. 내부의 건강한 사회 비판과 다수를 위한 진실하고 착한 주장은 '적'이라는 공포와 협박으로 묵살되었다. 전쟁의 역사다. 공산주의라는 '적'이 사라진 후에는 '테러의 공포'라는 가상의 적이 자리 잡았다.

적이 필요한 권력은 시민들을 자발적 전쟁에 내몰기 위해서 '경쟁'이라는 적을 만들어냈다. 경쟁이라는 가상의 적은 무척 힘이 세다. 모두가 적이기 때문이다. 타인은 물론 자신의 생각과 감정까지 적으로 여긴다. 아군은 오로지 쇼핑이 가능한 '통장 잔고'와 일시적 쾌락이다. 이 두 가지를 방해하는 것은 모두 적이다. 적과의 전쟁에서 승리하려면 무기가 필요하다. 평생 경쟁과 성공의 칼을 간다. 무엇이 성공인지도 모르고 일단 성공해야 한다고 다들 말한다. 이 칼은 자신을 해치고 세상을 해친다.

당신의 적이 누구인지 알고 싶은가? 자신들의 이익을 위해 끊임없이 경쟁을 강조하고 맹목적인 취업 준비를 부추기는 자들이다. 한 치 이익에 눈이 멀어 수많은 사람들을 불행하게 만들지만 실상 그들도 행복하지 않다. 행복이라는 가치를 모르니 행복해질 수 없다. 적을 알게 되었다고 그들을 적으로 여기면 그들과 똑같은 인간이 된다. 나도 그들과 별반 차이가 없다는 것을 인정하고 조용히 그들을 넘어서야 한다. 그들을 따르든, 그들을 거부하든 상관없다. 그것은 각자의 선택이다. 다만 어떤 선택이 참으로 나를 위한 일인지 깊이 생각해봐야 한다. 진정한 이기주의자가 되어야 한다. 진짜로 '나'를 위하는 사람은 세상도 이롭게 하는 법이다.

시대가 바뀌었으면 바뀐 시대에 맞는 생각을 해야 한다. 취업 구멍이 바늘구멍이 되었는데 영혼을 팔아서라도 스펙을 높이기 위해 앞만 보고 달려야 한다고 선동하는 사람들은 참으로 무지하거나, 참으로 사악하거나, 선동하여 이익을 얻는 자들이다. 1만 명 중에 9,000명이 취업하는 시대에 살다가 1만 명 중에 1,000명이 취업하는 시대가 되었다면, 그중에서도 700명은 미래가 불확실한 인턴과 비정규직인 시대가 열렸다면 나머지 9,000명은 무엇을 해야 할까? 코피 터지도록 뛰어봐야 남는 건 허탈함뿐이다. 경쟁에서 이겨 한 고비를 넘기면 진짜배기 경쟁이 또 기다리고 있다. 끝없는 경쟁의 파도가 죽을 때까지 이어진다.

시대의 패러다임이 바뀌었다면 개인도 패러다임을 바꿔야 살아남을 수 있다. 취업 문제를 해결하려면 무의미한 취업 준비를 그만두고 각자의 가치에 따라서 다양한 선택을 하는 삶을 살아가야 한다. 그 과정에서 사회 각 영역에서 새로운 고용이 창출되고, 맹목적 취업 준비의 늪에서 빠져나와 참신한 사고를 하는 인재들로 인해 회사는 발전하고 더 많은 채용이 이루어진다.

개인의 패러다임을 가치관이라고 부른다. 어떤 가치관을 가지고 살아가느냐는, 직업은 물론 삶 전체에 큰 영향을 끼친다. 어떤 가치관을 가져야 하는지 누구도 대답해줄 수 없다. 대답해준들 그것은 해답이 아니다. 어떤 생각으로 세상을 살아갈지, 삶의 가치를 어디에 둘지는 각자의 몫이다. 누가 강요해서도 안 된다. 인간은 누구나 거친 파도를 스스로 헤쳐나가야 하는 운명을 갖고 태어났다. 한 가지

분명한 것은 자신만의 삶의 의미와 가치를 찾으려면 달리는 지하철에서 내려야 한다는 것이다. 역사를 통틀어 성공한 이들, 위대한 삶을 살아간 이들은 그렇게 살았다. 그렇게 해서 그들은 삶의 진리가 담긴 가치관과 진정한 성공의 비결을 말해왔다. 돈 버는 데 도움이 안 될 것 같은 책과 깊은 사색 속에 길이 있다.

"성공한 사람이 되기보다는 가치 있는 사람이 되기 위해 노력하라."

아인슈타인의 말이다. 세상에서 단 하나뿐인 자신만의 가치를 찾는 일, 그것이 바로 성공이다.

성공Success

_랄프 왈도 에머슨Ralph Waldo Emerson

자주 그리고 많이 웃는 것

현명한 이에게 존경을 받고

아이들에게서 사랑을 받는 것

정직한 비평가의 찬사를 듣고

거짓된 친구의 배반을 참아내는 것

아름다움을 식별할 줄 알며

다른 사람의 장점을 알아보는 것

건강한 아이를 낳든

한 뙈기의 정원을 가꾸든

사회 환경을 개선하든

자기가 태어나기 전보다

조금이라도 나은 세상을 만들어 놓고 떠나는 것

자신이 한때 이곳에 살다 간 덕분에

단 한 사람의 인생이라도 행복해지는 것

이것이 진정한 성공이다.

To laugh often and much

to win the respect of intelligent people

and the affection of children

to earn the appreciation of honest critics

and endure the betrayal of false friends

to appreciate beauty

to find the best in others

to leave the world a bit better,

whether by a healthy child,

a garden patch

or a redeemed social condition

to know even one life has breathed easier

because you have lived.

This is to have succeeded.

괴물

●

진정한 생활은 현재뿐이다.

현재의 이 순간을 최선으로 살려는 일에

온 정신력을 기울여 노력해야 한다.

톨스토이

괴물의 공통된 특징은 자기 분열이다. 영화 〈괴물〉에 나오는 괴물은 원래는 그렇지 않았는데 미군이 방류한 화학 약품 때문에 모습이 변했다. 한강에 나타난 괴물도 속으로는 무척 괴로웠을 것이다. 타고난 모습대로 살지 못하고 돌연변이로 살아가게 만든 사람들을 얼마나 원망했을까? 괴물은 흉측하게 변한 자신의 모습을 쉽게 받아들일 수 있었을까? 아마도 죽을 때까지 자신의 모습을 받아들이지 못하고 세상에 대한 분노를 가졌을 것 같다.

프랑켄슈타인, 뱀파이어와 같이 세계적으로 유명한 괴물들은 공통적으로 '이런 모습으로 살고 싶지 않은데 이런 모습으로 살아갈 수밖에 없는' 자신의 운명에 대한 갈등과 분노, 원한을 갖고 있다. 자신의 모습과 운명을 감사하게 받아들이며 행복한 삶을 살아가는 괴물은 세상에 없다. 그런 삶을 살면 아무리 흉측하게 생겼어도 이미 괴물이 아니다. 운명의 장난을 파괴적인 분노로 대하지 않고 그 속에서 가치를 찾아 남을 도우며 행복하게 살아간다면 괴물이 아니라 영웅에 가깝다. 괴물을 괴물답게 만드는 것은 자기 분열로 인한 극단적 행동이다. 우리 사회에도 괴물의 삶을 선택한 사람들이 참 많다.

'일단 대학부터 간 다음에, 하고 싶은 것 실컷 다해라!'

우리 사회에서 괴물을 만드는 가장 흔한 말이다. 하고 싶은 일, 가슴 뛰게 만드는 일들을 나중에 다할 수 있다는 신념으로 참고 견디며 산 젊은이가 나중에 하고 싶은 일을 실컷 다했다는 이야기는 도무지 들어보지 못했다. 원하는 것이 무엇인지 잊어버렸고, 잊지 않았다고 해도 선택할 용기도, 그렇게 살아갈 자신감도 잃어버렸기 때문이다. 영화 〈쇼생크 탈출〉에서 평생을 감옥에서 복역하다가 퇴소한 노인이 세상의 자유를 얻었지만 삶을 사는 법을 잊어버려 결국 자살을 하는 이유이기도 하다. 우리나라의 자살률이 높은 이유는 나라가 거대한 쇼생크 감옥이 된 탓이다.

한 사람이 태어나서 성장하는 동안 우리 사회는 삶에서 내가 원하는 것, 내 삶의 가치, 나의 행복에 대해 스스로 생각하며 살아가는 법을 아무도 가르쳐주지 않는다. 고등학교 때는 아무 생각 말고 대학에 가서 생각하라고 강요하고, 대학에 가면 아무 생각 말고 일단 취업해서 생각하라고 강요한다. 그래서 취업하면 삶이 더 바빠져서 손톱, 발톱을 깎을 시간도 없다. 학생 때는 돈이 없어서, 직장인이 되어서는 시간이 없어서 하고 싶은 일을 하지 못한다. 하고 싶은 일을 하려면 돈보다 시간이 더 중요하다는 걸 뒤늦게 깨닫고 후회하지만 소용없다. 이미 지나버린 일이 되었다. 사실은 별로 후회하지도 않

운명의 장난을 파괴적인 분노로 대하지 않고 그 속에서
가치를 찾아 남을 도우며 행복하게 살아간다면 괴물이 아니라 영웅에 가깝다.
괴물을 괴물답게 만드는 것은 자기 분열로 인한 극단적 행동이다.
우리 사회에도 괴물의 삶을 선택한 사람들이 참 많다.

는다. 후회할 틈도 없이 바쁘기 때문이다. 어릴 때부터 죽을 때까지 어쩌면 살고 싶은 삶이 아니라 살아야 하는 삶을 강요받는 셈이다. 그 결과 자신의 삶과 가치관에 대해서 한마디도 할 수 없는 입사 지원자들, 입사해서 후회하는 직장인들이 인산인해를 이루게 되었다.

하고 싶은 일을 다하고 살면 목표를 이룰 수 없다, 고통은 쓰고 열매는 달다고 항변하지 마라. 고통과 역경을 견디고 성공한 사람은 힘들지만 진정 원하는 길을 선택했고, 역경을 고맙게 생각하고 즐길 줄 알았던 사람들이다. 과정이 행복했던 사람들이다. 과정이 행복했던 사람은 결과에 상관없이 만족한 삶을 살아간다. 하지만 하기 싫은데 억지로 참고 견뎌낸 사람은 보상을 원한다. 원하지 않는 삶을 선택한 사람은 자신의 삶과 청춘을 희생했으니 돈과 명예, 권력 등으로 무의미하게 흘러간 세월을 보상받고 싶어 한다. 이들이 바로 이 시대의 괴물들이다.

삶 자체를 목적이자 소중한 과정으로 여기지 못하고 무언가를 이루기 위한 수단으로 여긴 사람은 삶을 바친 대가를 원한다. 대가가 주어져도 욕심을 부린다. 과도한 보상을 원하다 보니 각종 비리와 범죄가 생긴다. 원했던 보상이 주어지지 않으면 사회를 향해, 주위 사람을 향해, 자신을 향해 분노를 쏟아낸다. 이들이 바로 자기 분열증을 가진 이 사회의 진짜 괴물들이다. 하기 싫은 일을 하지 않는 것은 나와 세상을 위한 일이다. 하기 싫은 일, 마음이 내키지 않는 일을 억지로 하면 사회에 괴물들이 많이 생겨난다. 자신이 원하지 않은 거짓 삶을 사는 괴물들이 많아지면 사회 전체도 괴물처럼 변한다.

어떤 보상도 바라지 않는 삶을 살아야 한다. 과정을 즐기고 소중히 여기는 사람은 결과에 상관없이 만족한다. 대가를 바라지 않는다. 그 자체로 행복하기 때문이다. 하기 싫은 일을 억지로 하는 일은 사회를 혼탁하게 만들고 개인을 불행하게 만든다. 어려움을 맹목적으로 참고 견디며 지금은 이 일을 힘들게 하지만 나중에는 행복해질 거라는 막연한 기대는 분리수거함에 버려야 한다. 그것은 개인과 사회를 괴물로 만들어 불행의 늪으로 빠지게 하는 화학 약품이다.

지금 하고 있는 일에서 가치와 의미, 행복을 발견할 수 없다면 지금 하는 일을 그만두라는 신호다. 행복해지고 싶은 인류의 본능, 행복 유전자가 그토록 절실하게 말하는데 왜 말을 듣지 않고 비극의 주인공이 된 것처럼 억지 삶, 가짜 삶, 비극적인 삶을 살아가는가? 누가 그렇게 만들었는지 생각해봐야 한다.

지금 하는 일에서 가치를 찾을 수 있는지 곰곰이 생각해보자. 가치를 찾는다는 것은 행복을 느낀다는 말이다. 정말 하기 싫은데 돈을 벌기 위해서 일을 한다면 그건 노예다. 싫지만 돈을 벌기 위해서 어쩔 수 없다는 것은 주객이 전도된 삶이다. 비극이다. 앞서 살아간 사람들 가운데 의미를 느낄 수 없지만 오직 돈을 벌기 위해서 살아간 사람들이 어떤 삶을 살았는지 딱 열 명만 살펴보라. 바로 답이 나온다. 이렇게 쉬운데도 망설이는 이유는 '어떻게 되겠지'라는 막연함에서 비롯된다. 인생은 저절로 어떻게 되는 게 아니다.

'이렇게 살고 싶지 않지만, 이렇게 살 수밖에 없어'라고 생각한다면 그것이 바로 괴물의 삶이다. 사람의 첫 번째 권리와 의무는 살아가고 싶은 대로 사는 것이다. 이것은 생명을 가진 모든 존재가 살아가는 법이다. 흙 속의 지렁이, 길가의 개미도 자기 분열적으로 살지 않는다. 바로 지금 이 순간 행복해지기 위해 힘써라. 지금 행복하지 않은 사람은 앞으로도 행복해질 가능성이 별로 없다.

프로크루스테스

●

늙은이들은 젊은이들에게 언제나 저축하라고 충고한다.
하지만 그 충고는 틀렸다.
한 푼도 저축하지 마라. 모든 돈을 너 자신에게 투자하라.
나는 마흔 살이 될 때까지 한 푼도 저축하지 않았다.

H. 포드

그리스 신화에 프로크루스테스Procrustes라는 놈이 나온다. 이놈은 취미가 엽기적이다. 저녁을 먹고 거리를 거닐다가 눈에 띄는 사람을 집으로 납치한 다음, 침대에 눕히고 움직이지 못하게 결박한다. 키가 커서 다리가 침대 밖으로 튀어나오면 다리를 잘라버린다. 키가 작으면 다리를 뽑아서 침대의 크기에 맞춘다. 프로크루스테스는 사람의 몸을 침대의 크기에 강제로 맞추는 엽기적인 취미가 있다. 그래서 진실을 왜곡하고 목적에 따라 억지로 끼워 맞추는 일을 프로크루스테스의 침대에 비유한다.

괴상하고 황당한 이야기지만 세상에는 프로크루스테스의 침대에 묶인 채 인생을 살고 있는 사람들이 무척 많다. 다른 사람이 시키는 대로 삶을 산다면 프로크루스테스의 침대로 스스로 들어가는 일과 같다. 어떻게 살아야 진정으로 행복한지 삶에서 추구하고 싶은 가치를 생각하지 않고 대충 남들처럼 살아가려는 태도는, 프로크루스테스의 침대에 누워 관절이 끊어지든 말든 자기 몸을 억지로 침대에 맞추는 것과 같다.

건강하고 아름다운 숲에는 수많은 나무가 있다. 나무는 같은 종이라도 생김새와 자라는 모습이 모두 다르다. 사회도 숲과 같다. 건강하고 아름다운 사회는 모든 구성원이 천성과 생김새, 감정과 생각 등 각자가 타고난 자연스러운 모습으로 살아가는 사회다. 자신의 고유한 가치를 지키며 사는 것이 중요하듯, 다른 사람의 고유한 가치, 타인의 다양성을 응원하고 지지해주는 일도 중요하다. 타인의 다양성을 지지한다는 것은 나의 다양성을 지지받는다는 뜻이다. 각자가 타고난 능력과 자질을 발견하고 각자의 고유한 삶을 구현할 수 있도록 도와주는 것이 교육이다. 만약 교육을 통해서 똑같은 생각과 감정을 갖고, 똑같은 삶을 살아가게 된다면 그것은 세뇌다.

똑같은 자기소개서와 똑같은 대답이 취업 시장에서 나타나는 획일성이다. 그나마 다행인 것은 획일성의 이유가 정말로 똑같이 생각해서가 아니라 자기 생각은 버려두고 대충 남의 흉내를 낸 결과라는 사실이다. 20대가 자신의 삶과 가치에 대해서 아무런 생각이 없어서 자기소개서마저 대충 베끼고 있다는 사실은, 생각조차 똑같다는 사실보다는 그나마 희망적이다. 이는 삶의 태도와 인식을 조금만 바꾸면, 자신의 삶에 대해 조금이라도 관심을 가지면, 자신의 참모습을 찾을 수 있다는 말이기 때문이다.

자신의 모습을 찾는다는 말은 흉내낸 자기소개가 아닌 참다운 의미의 자기소개를 할 수 있다는 말과 같다. 앞서 강조했듯이 자신만의 삶을 말할 수 있다는 것은 삶의 뿌리가 든든하다는 말이며, 삶의 뿌리가 든든한 사람은 면접에서 대부분 합격한다. 이것은 진리다.

세상이라는 숲에서 자신이 어떤 나무인지 발견하고, 멋진 열매를 맺기 위해서 '뿌리'를 튼튼히 해야 함을 아는 사람은 프로크루스테스의 침대에서 벌떡 일어날 것이다. 그는 뒤도 돌아보지 않고 프로크루스테스라는 괴물의 집에서 빠져나와 사람들이 있는 마을로 향할 것이다. 내일 해가 뜨면 침대에서 일어나야겠다고 생각하지 마라. 어둠과 빛에 상관없이 깨달은 순간 바로 일어나라. 일어나는 순간 나와 세상이 바뀐다.

공주의 사랑을 얻으려던 병사가 99일째 되는 날 저녁에 깨달음을 얻고서도 그때까지의 노력과 시간이 아까워서 일어나기를 주저하며

100일째 되는 아침을 맞이했다면 모든 것이 달라졌을 것이다. 환상적인 결혼의 이미지에만 매몰되면 관계도 비극으로 끝난다. 진정한 관계 맺음은 자신의 삶이 온전할 때에만 가능하다. 자신과 세상에 대해 호기심과 의문을 갖고 끊임없이 질문하고 답을 찾는 사람은 배우고 깨닫는 기쁨을 안다. 세상은 깨닫는 자, 깨닫는 순간 행동하는 자의 몫이다.

지금 이 순간 무엇을 생각하고 무엇을 하고 있는지가 그 사람의 미래다. 무언가 느꼈다면 벌떡 일어나라. 일어났다면 망설이지 말고 세상 속으로, 자신의 진정한 삶 속으로 성큼성큼 걸어가라. 그렇게 이 시대의 가슴 뛰는 청년으로 순간순간 존재하라. 청년의 가슴이 뛰지 않으면 죽은 세상이다. 세상은 단 한 사람의 벅찬 마음에도 응답한다. 모든 존재에게 세상이란 자신만의 세상이다. 가슴 뛰는 행복한 삶을 살아가는 비밀은 두 마디가 전부다.

'두려워하지 마라!'

'후회하지 마라!'

행복한 삶을 가꾸는 자의 이름은 '청년'이며, 세상은 '청년'에 의해 아름다워진다.

IV

에필로그

대학 졸업을 한 해 앞두고 IMF가 터졌다. 시절이 어수선했다. 채용하는 회사를 찾아보기 힘들어 졸업을 해도 의미가 없었다. 휴학을 하고 배낭여행을 떠났다. 처음 도착한 곳은 이집트 카이로였다. 해외라고는 부산 태종대 전망대에서 날씨 좋은 날 대마도를 어렴풋이 본 것이 다인 초보 여행자에게 1990년대의 카이로는 혼란 그 자체였다. 어느 날 갑자기 불시착한 외계인이 된 기분이었다. 먹고 자고 물건을 사는 일은 물론, 이동하고 살아가는 방식이 질서 있게 정해진 게 아무것도 없었다. 모든 것이 뒤죽박죽, 그때그때 달랐다.

예컨대 생수 한 병을 처음에는 2,000원을 주고 사먹다가, 600원이면 살 수 있다는 걸 알고 기뻐했는데, 나중에 알고 보니 진짜 가격이 100원인 곳이었다. 질주하는 차들 사이에 서서 게임하듯 한 차선씩 건너뛰며 길을 건너야 했다. 어쩌다 택시를 탔는데 박물관에나 있을 포니와 같은 30년은 된 듯한 폐차 직전의 차여서, 무척 더운 날씨였지만 에어컨은 상상도 할 수 없었다. 뒷좌석 창문을 열고 싶었는데 열리지가 않았다. 뒷좌석에서 창문을 열어보려고 온갖 씨름을 하는 것을 본 운전사가 웃으면서 고개를 돌려 뭔가를 주었다. 문고리처럼 생긴 부속이었다. 뒷문의 작은 구멍에 꽂아 힘껏 돌리자 비로소 창문이 내려갔다. 차에서 내리기 전에 운전사에게 그 부속품을 주는 걸 잊으면 안 되었다. 그것은 하나밖에 없는 금고 열쇠처럼 그 차에 단 하나뿐인 소중한 물건이었다. 물론 운전사가 알아서 먼저 챙겼다.

30년 가까이 세상의 모든 것이 공산품처럼 이름과 가격, 특성, 앞으로의 일들까지 촘촘하게 태그가 붙여져 있고, 군대처럼 모든 게 일정하게 정해져 있어서 선택은 하나밖에 없는, 조금이라도 다른 생각으로 다른 행동을 하면 큰일 난다고 말하는 학교, 세상에서 둘째 가라면 서러울 규격화되고 획일화된 나라에서 살다가, 규칙도 없고 질서도 없고, 정해진 것은 그 어떤 것도 없이 언제라도 흐물흐물 모양을 바꾸는 것 같은 아메바, 트랜스포머 경연 대회장 같은 혼돈의 세상에 혼자 덜렁 떨어졌으니, 혼란과 힘겨움은 상상을 초월했다. 독립 운동하러 만주로 떠나듯 돈을 아끼고 아끼며 서아시아와 유럽에서 혼자 6개월 동안 여행하겠다는 비장한 결심으로 카이로에 처음으로 도착했는데, 여행을 시작하기도 전에 숨이 막혀 쓰러질 지경이었다. 돈을 아끼자니 식당 등도 현지인들이 가는 곳으로 가야 했는데, 그런 곳에서는 영어가 아예 통하지 않았다. 영어로 대화하더라도 '투게더together'를 '투게자'라고 하는, 제주도 사투리 같은 아랍 식 영어 발음이어서 익숙해지는 데 한참 걸렸다.

아는 여행 정보라고는 단 하나, 이집트의 수도는 카이로라는 사실밖에 모르는 상태에서, 날씨는 쓰러질 듯 덥고, 영어로 여행자를 상대하는 이집트인들은 사기꾼과 순수한 호의가 섞여 있어서 진심을 알 수 없고, 들켜도 능글능글 상황을 즐기기까지 하고, 눈에 들어오는 글자는 꼬불꼬불 지렁이 같은 아랍어에, 바가지 때문에 물도 밥도 제대로 사먹기 힘들고, 더워서 정신은 혼미해지고, 돈은 이를 악물고 아껴야 하고, 어딜 가나 스트레스, 불편함이 도를 넘어 어지럽고 답답해서 견딜 수가 없었다. 그래서 이집트를 떠나기로 했다. 카이로에 도착한 지 4일 만에.

떠나기로 결심한 그날 거리를 걷다가 처음으로 한 동양인과 마주쳤다. 반가운 마음에 인사를 했고, 이야기를 나누던 중 혼란스러운 초보 여행자를 알아보고 무엇보다 숙소가 중요하다며 자기가 묵고 있는 숙소로 옮기면 좋겠다고 그가 제안했다. 그는 매년 평균 5개월씩 4년째 배낭여행을 해왔고 이집트만 세 번째 방문인 일본인 다케토였다. 카오스 같은 카이로에서 평온한 눈빛을 가진 그 친구의 말을 듣고 옮긴 숙소의 이름은 술탄 게스트하우스였다.

술탄 게스트하우스에는 내가 목말라하던 것들이 다 있었다. 서로

가 알고 있는 정보를 아낌없이 나누는 마음 열린 착하고 재미난 다양한 여행자들, 진실하고 친절하고 재미있기까지 한 직원, 무엇보다 싼 가격, 숙소 바로 앞에 있는 놀랍도록 맛있고 푸짐하고 미안할 정도로 싼 가격의 로컬식당, 시장 초입이라 숙소 문만 나서면 펼쳐지는 이국적이고 재미난 삶의 모습들, 상점마다 가득가득 다채로운 볼거리들. 베테랑 여행자 다케토는 초보 여행자인 나에게 짐 싸는 법부터 물 대신 오이를 챙기는 법까지 배낭여행의 노하우를 꼼꼼하게 알려주었다. 함께 얘기하고 먹고 다니는 동안 나는 점차 내가 꿈꾸던, 어디서든 잘 먹고 잘 지내는 노련한 여행자가 되어갔다. 술탄에서 하루만 자고 다음날 떠나려고 옮겼는데, 이집트가 너무너무 좋아져서 한 달 가까이 더 머물렀다. 술탄 게스트하우스는 가난하고 막막해서 혼란스러웠던 첫 배낭 여행자에게 마법 같은 공간이었다.

술탄 게스트하우스에서 조엘이라는 여행자와 친구가 되었다. 그는 쳇바퀴처럼 방황을 거듭하다가 삶의 답을 찾을 때까지 돌아가지 않겠다고 마음먹고 여행을 떠나왔다고 했다. 홀로 2년을 떠돌다가 보름 전에 카이로에 왔는데 곧 집으로 돌아간다고 했다. 조엘이 무척이나 부러웠다. 정말 대단한 여행을 하고도 별일 아닌 듯 담담하게 말하는 태도가 무엇보다 부러웠다. 저녁 무렵, 시장 입구가 내려다보이는 낡은 테라스에서 내가 물었다.

"떠나온 이유는 찾았어?"

"응."

"뭔데?"

"농부……."

"……."

"돌아가면 농부가 될 거야. 농부는 세상에서 가장 아름다운 직업이야. 돈만 벌려는 농부 말고 자급자족을 하는 농부. 나를 위해 소박하게 농사짓고, 남은 시간은 산책하고 책 읽고 글을 쓰고 새소리를 들으며 살 거야."

"멋지긴 한데 그런 삶은 나중에 나이 들면…… 젊을 때 여러 일을 한 후에 말이야. 자신에게 많은 기회를 줘야 하지 않겠어?"

"지금 하고 싶은 걸 왜 나중으로 미루지? 그것도 삶의 먼 끝자락으로…… 여행을 하며 슬픈 일을 많이 보았어. 대부분 미루고 미루다가 너무 늦어버린 탓이었어. 이제는 뭐든 미루고 싶지 않아. 마지막을 위해 가장 좋은 것을 아껴두는 것도 좋지만, 가장 좋은 것을 지금 꺼내보는 게 아무래도 더 좋을 것 같아. 지금 좋은 것이 나중에도 좋다는 보장은 없으니까……. 자신에게 줄 수 있는 가장 큰 기회는 지금 하고 싶은 일을 지금 하는 거야."

어둠이 깊어지고 있었다.

삶의 절반은 밤이다. 낮과 밤이 삶이다. 밤에는 낮을 기다리고, 낮에는 밤을 기다리지 말자. 생각을 바꾸는 순간, 새로운 삶이 시작된다.